# 인구소멸,
## 한국은 대비하고 있는가?

정성호 지음

# Population Extinction

도서출판
해남

# 인구소멸, 한국은 대비하고 있는가?

초판1쇄 인쇄 2021년 12월 6일
초판1쇄 발행 2021년 12월 10일

저  자 정성호
발행인 노현철
발행처 도서출판 해남

출판등록  1995. 5. 10 제 1-1885호
주   소   서울특별시 마포구 마포대로8길 9 영명빌딩 405호
전   화   739-4822   **팩스** 720-4823
이 메 일  haenamin30@naver.com
홈페이지  www.hpub.co.kr

ISBN      978-89-6238-160-3     03330

# 인구 소멸, 때를 놓침을 알지 못했다.

도시나 시골 할 것 없이 아이 울음소리가 줄어든 지 오래다. 시골은 더 심각한 수준으로, 아예 아이 울음소리가 멈춘 곳도 적지 않다. 저출산 문제는 심각한 사회 문제로 부각되고 있으며, 우리 사회에 대재앙으로 성큼 다가오고 있다. 예견된 대재앙이라고도 할 수 있다.

그간 정부는 저출산 사태에 명확한 문제의식 없이 당위성 또는 정당성(골든타임 명분)에 치중한 의제화로 대응했다. 즉, 당위성에 근간을 둔 4차례 저출산 고령사회 기본 계획(1차 2006~2010년, 2차 2011~2015년, 3차 2016~2020년, 4차 2021~2025년)을 세워 막대한 재정만 지출하였다(2021년 예산 기준, 저출산 관련 예산 36.4조 원). 1~4차 기본 계획은 20년 장기계획이었음에도 이렇다 할 가시적인 성과는 없다. 모든 정책은 목표가 명확해야 정책적 실현가능성을 담보할 수 있고, 가시적인 성과를 보장할 수 있다. 그동안 정부는 구체적인 정책목표가 부재한 가운데, 수단인 재정만 투입했으니 그 성과는 애초에 기대하기 힘들었다. 그 결과 우리나라는 세계에서 유례없는 저출산 문제에 직면하고 말았다. 2020년 기준 합계출산율은 0.84명까지 떨어졌다(2019년 기준, 0.92명). 단순 산술적 계산만으로도 2021년 합계출산율은 0.84명보다 낮을 것이라 전망할 수 있다.

그간 정부가 연평균 20조 원이 넘는 막대한 재정을 쏟아붓고 있는데도 합계출산율이 높아지지 않는 이유는 무엇일까? 그 근본 이유는 간명하다. 우선 사회, 문화 등 구조적 문제를 정확하게 인식하지 못했다. 초기 제도 설계 당시 프랑스와 스웨덴의 모델을 단순 벤치마킹하여, 단순 현금지원정책(양육수당과 출산장려금 등)만 펼쳤다. 이후 몇 차례 기본 계획을 수정해 정책을 추진했지만, 기존 계획의 한계에서 크게 벗어나지 못했다. 더욱 문제는 개별 중앙부처가 제각기 다른 정책목표를 세워 매년 재정(돈)만 뿌려대는 일종의 '떴다방' 식의 분절적 저출산 정책을 추진했기 때문이다. 면밀한 검토 없이 도입한 외국의 저출산 제도(일종의 모방적 동형화)는 원천적인 문제를 해결하지 못한다. 이제라도 합계출산율을 높이려면 출산장려금 등 단순 현금지원정책을 포함해 개별 중앙부처의 투입지향적·분절적 재정정책에서 과감하게 탈피해야 한다.

우선, 국가와 지방자치단체가 어떠한 역할을 할지 방향성을 명확하게 설정해야 한다. 즉, 국가는 저출산 문제의 근본 원인이 무엇인지부터 정확하게 파악해 이를 기본 계획에 반영해야 한다. 아울러 지방자치단체는 국가가 설계한 기본 계획에 기초해 현지성을 살리되, 지속가능한 정책대안을 마련해야 한다. 즉, 지방자치단체는 중앙정부와 협업하되, 현지성을 살려 보육 등 세부 정책을 보완적으로 수행(지역밀착형)해 나가야 한다. 저출산 문제는 이제 개인만의 문제가 아니라 국가의 사회적 책임(사회투자)이라는 인식의 대전환이 필요하다. 따라서 국가는 아이의 양육을 사회적 투자로 인식하고, 아이들이 20세가 될 때까지 모든 비용을 재정으로 지원하고, 대학교육까지 책임져야 한다. 즉, 임신부터 출산, 대학교육까지 전액 지원을 해야 한다. 또한 개별 중앙부처가 분절적으로 재정만 투입(지출)할 게 아니라 재정지출에 있어 컨트롤 타워 기능을 수행할 부처(예, 아동가족부 신설 등)를 명확히 해야 한다. 1~3차 저출산 기본 계획을 토대로 한 재정지출만으로는 저출산 문제를 해결할 수 없다는 것이 이미 증명되었다. 문제는 구호만 있을 뿐 기존의 계획과 큰 변화가 없는 4차 저출산 기본 계획을 추진 중에 있다는 것이다. 재정만 지출하면 문제가 해결될 것이라는 근시안적 인식에서 크게 벗어나지 못했다고 평가할 수 있다. 이러한 안일한 인식에서 하루빨리 벗어나야 한다.

저출산 현상이 더욱 가속화되고 있는 원천적 문제의 근원이 무엇인지 따져보아야 한다. 즉, 현재 직면한 저출산 문제가 어디서부터 어떻게 파생되었는지에 관해 꼼꼼하게 따져보아야 한다. 단정적으로 말하기는 다소 제약이 있지만 청년 고용정책과 상당한 연관이 있다고 보아도 크게 틀리지 않을 것이다. 사회 문제 해결은 오롯이 정책의 영역이지 이념의 영역 또는 포퓰리즘의 영역은 아니라는 것을 잊어서도 안 된다. 앵무새처럼 외쳐 댄다고 해서 그 문제가 해결될 리 만무하다.

본서의 집필 배경은 인구 소멸, 때를 놓침을 알지 못했다는 것을 일깨워주기 위해서다. 이 책이 나오기까지 물심양면으로 도움을 주신 도서출판 해남의 노현철 사장님에게 감사드린다.

2021년 11월 30일

남산 기슭에서 저자

# 차례

**5** 육아 지원 사회로 거듭나야 한다.

# 1

저출산, 대재앙?

# 인구 소멸, 국가 존망이 걸린 문제

최근 한국경제연구원의 보고서(「성장률 제고를 위한 전략과 비전」, 2021. 10)에 따르면, 1997년 외환 위기, 2009년 금융 위기, 코로나19 등 세 차례 경제 위기로 저성장 기조의 구조적인 고착화로 인해 성장잠재력이 떨어져 10년 뒤 우리나라의 경제성장이 멈출 수 있을 것이라는 가능성을 제기했다. 즉, 2010년 경제성장률은 6.8%였으나 2020년에는 0.9%로 하락했고, 2010년 잠재성장률은 8.3%였으나 2020년 2.2%로 하락했다. 앞으로 10년 내 잠재성장률은 현재보다 더 낮은 0%대에 진입할 수도 있다는 어두운 전망까지 내놓은 상태이다. 여기에 더해 더 암울한 이야기가 남아 있는데, 그것은 바로 인구 소멸이다.

국가는 '일정한 지역, 곧 영토를 기반으로 그곳에 모여 사는 사람들이 공동의 목적을 관철하기 위해 형성한 독립된 정치공동체'라 정의할 수 있다. 정치공동체가 구성되려면 '영토'가 있어야 하고, 그 영토에 살아가는 '국민'이 있어야 한다. 아울러 정치공동체를 통치할 수 있는 주권도 있어야 한다. 즉, 국가 구성의 3요소는 영토·국민·주권인데, 그중에서 가장 중요한 국민(인구) 소멸은 참으로 심각한 문제다. 최근 신생아의 숫자를 보면 2019년 출생한 아이는 29만 명, 2020년 출생한 아이는 27만 3,000명 수준으로 과거에 비해 크게 감소했다. 인구 그 자체가 바로 국력, 경제력을 의미하는데, 인구 감소를 회복하지 못하면 경제력 또한 회복할 수 없다. 인구 소멸 속도가 가파르게 진행되면 회복은커녕 어려움이 더 커질 수밖에 없다. 인구 소멸은 국가 존립을 위태롭게 한다. 자칫 인구 절벽으로 내몰리는 상황에서 경제시스템의 붕괴는 물론, 국가 소멸까지 이어질 수 있다. 인구 소멸에 따른 위기 가능성을 더 깊이 고민할 시점이다.

## 저출산은 이미 대재앙

저출산 추세는 대부분의 국가들이 겪은 공통 문제이다. 추세는 두 가지 양상으로 구분할 수 있다. 일찍이 정부가 저출산을 심각한 사회 문제로 인식해 이를 해결해 나가는 국가가 있는 반면, 문제로 인식조차 하지 않고 있다가 속수무책으로 해결이 불가능해진 국가가 있다. 후자의 경우가 바로 우리나라이다. 전자는 프랑스와 일본을 예로 들 수 있는데, 우리나라와는 완전히 다른 양상이다. 프랑스는 저출산의 심각성을 미리 인지해 세부 정책을 구체화해 추진한 결과, 저출산 문제가 어느 정도 해결되었다. 가까운 나라 일본도 '합계출산율 1.57쇼크'를 선언한 이후 중앙정부와 지방자치단체가 협력해 정책을 추진했다. 그 결과 저출산의 늪에서 회복 중에 있으며, 현재에도 지속적으로 정책을 추진하고 있다.

우리나라는 저출산 상황을 '어떻게 든 되겠지'라는 미온적 대처로 더욱 악화시켰다. 줄곧 낙관적인 전망으로 재정만 지출하는 저출산 기본 계획을 추진했으니, 그 결과가 불보듯 훤했다. 전 세계에서 유례없이 빠른 저출산 국가가 되고 말았고, 아직도 구체적 방향성을 잡지 못하고 있다. 4차 기본 계획을 보면 이를 확인할 수 있다.

아쉽게도 우리나라는 아직 저출산의 근본적인 문제가 무엇인지 정확하게 모르고 있는 듯하다. 사회 문제를 명확하게 인식하지 못하고 있으니, 적절한 처방이 불가능하고, 그 성과는 기대할 수 없다. 일종의 3종 오류라 할 수 있다.

**오류는 크게 3종으로 구분할 수 있다.**

1종 오류(α오류라고도 함)와 2종 오류(β오류)를 신약개발과 관련해 설명해 보자. 1종 오류는 실제로 개발된 신약이 효과가 없음에도 효과가 있다고 판단하는 경우이고, 2종 오류는 그와 반대로 실제로 개발된 신약이 효과가 있음에도 효과가 없다고 판단하는 경우이다.

한편, 3종 오류를 수술과 연계해 설명하면, 근본 원인을 정확하게 파악하지 못해 엉뚱한 처방을 하게 되는 경우로, 예를 들면 의사가 진단을 잘못해 다른 부위를 수술하는 경우라 할 수 있다.

지금껏 우리나라는 재정만 투입하면 저출산 문제가 해결되리라는 근시안적 처방에 머물러 있다. 어렴풋이 저출산이 사회 문제라는 정도로 인식하고 있을 뿐, 지금의 상황이 얼마나 심각한지 느끼지 못하고 있는 것이다. 어찌 보면 현 정부가 적극적으로 추진하고 있는 4차 산업혁명을 위시한 한국판 뉴딜, 일자리 사업보다도 저출산 관련 정책을 더 우선시해야 했는지도 모른다. 저출산 문제는 대재앙으로 다가오고 있다. 아니 이미 회복 불가능한 대재앙으로 다가왔는지도 모를 일이다. 늦었다고 판단할 때가 그나마 빠르다는 옛말이 있다. 현재와 같이 저출산 문제를 방치한다면 심각한 사회 문제를 낳음은 불보듯 훤하다.

## 저출산은 예견된 결과(불균형 인구 구성)

통계청 장래인구특별추계(2019~2067년)에 의하면 2017년 5,136만 명에서 2067년 3,929만 명으로 감소한다고 발표한다(총인구는 2028년 5,194만 명을 정점으로 감소). 인구성장률은 2029년부터 마이너스로 전환, 2067년 -1.26%까지 감소할 전망이며, 2019년부터 사망자가 출생아보다 많아지는 자연 감소가 시작될 전망이다. 생산연령인구는 2020년대 연평균 33만 명 감소, 2030년대 52만 명 감소된다고 전망한다. 고령인구(65세 이상)는

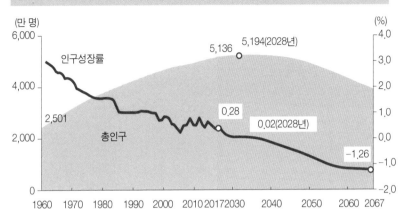

[그림 1-1] 총인구 및 인구성장률

| 지표 | 시나리오 | 1960 | 1970 | 1980 | 1990 | 2000 | 2017 | 2020 | 2030 | 2040 | 2050 | 2060 | 2067 |
|---|---|---|---|---|---|---|---|---|---|---|---|---|---|
| 총인구 (만 명) | 중위 추계 | 2,501 | 3,224 | 3,812 | 4,287 | 4,701 | 5,136 | 5,178 | 5,193 | 5,086 | 4,774 | 4,284 | 3,929 |
| | 고위 추계 | | | | | | 5,136 | 5,194 | 5,341 | 5,355 | 5,161 | 4,808 | 4,547 |
| | 저위 추계 | | | | | | 5,136 | 5,164 | 5,065 | 4,831 | 4,401 | 3,801 | 3,365 |

주: 고위: 인구변동요인별(출산율, 기대수명, 국제순이동) 고위(높은 수준) 가정.
　　중위: 인구변동요인별(출산율, 기대수명, 국제순이동) 중위(중간 수준) 가정.
　　저위: 인구변동요인별(출산율, 기대수명, 국제순이동) 저위(낮은 수준) 가정.
자료: 통계청(2019), 장래인구특별추계.

〈참고〉 추계 시나리오

| 인구변동 요인 | | 2017년 | 2021년 | | | 2067년 | | |
|---|---|---|---|---|---|---|---|---|
| | | | 고위 | 중위 | 저위 | 고위 | 중위 | 저위 |
| 합계출산율 | | 1.05명 | 1.09명 | 0.86명 | 0.78명 | 1.45명 | 1.27명 | 1.10명 |
| 기대수명 | 전체 | 82.7세 | 83.9세 | 83.4세 | 82.8세 | 91.1세 | 90.1세 | 88.9세 |
| | 남자 | 79.7세 | 81.0세 | 80.5세 | 80.0세 | 89.3세 | 88.5세 | 87.4세 |
| | 여자 | 85.7세 | 86.8세 | 86.3세 | 85.6세 | 92.8세 | 91.7세 | 90.4세 |
| 국제순이동 | | 191천 명 | 109천 명 | 68천 명 | 28천 명 | 96천 명 | 35천 명 | -23천 명 |

[그림 1-2] 인구성장률

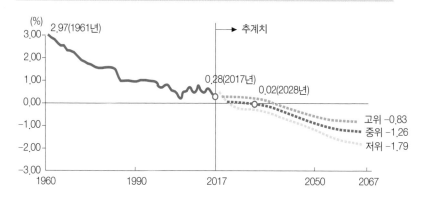

[그림 1-3] 자연 감소(출생아 수 및 사망자 수)

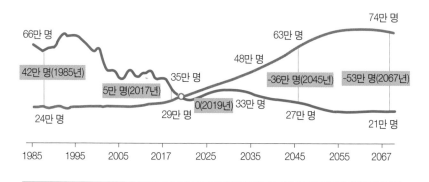

자료: 통계청(2019), 장래인구특별추계.

[그림 1-4] 연령별 인구 구조 및 구성비

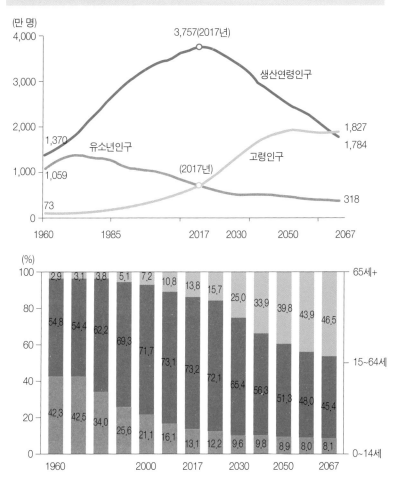

자료: 통계청(2019), 장래인구특별추계.

2017년 707만 명에서 2025년에 1,000만 명을 넘고, 2067년에는 1,827만 명까지 증가할 전망이며, 유소년인구(0~14세)는 2017년 672만 명에서 2030년 500만 명, 2067년 318만 명으로 감소할 전망이다. 학령인구(6~21세)는 2017년 846만 명에서 10년간 190만 명 감소, 2067년에 367만 명 수준일 전망이며, 중위연령은 2017년 42.0세에서 2067년 62.2세로 증가할 전망이다.

2019년부터 사망자가 출생아보다 많아지는 자연 감소 현상이 시작될 전망이다. 출생아는 2017년 35만 명에서 2067년 21만 명(2017년의 2/3 미만 수준)으로 감소하고, 사망자는 2017년 29만 명에서 2067년 74만 명(2017년의 2.5배 수준)으로 증가된다는 것이다.

2017년과 2067년의 연령별 인구 구성비를 보면, 15~64세 생산연령인구 비중은 73.2%에서 45.4%로 감소하고, 65세 이상 고령인구 비중은 13.8%에서 46.5%로 증가하며, 0~14세 유소년인구 비중은 13.1%에서 8.1%로 감소할 전망이다.

생산연령인구 100명당 부양할 인구를 지칭하는 총부양비는 2017년 37명에서 2067년 120명으로 3.3배 증가할 전망인데, 2017년 36.7명(노인 18.8명)에서 계속 높아져 2067년 120.2명(노인 102.4명)까지 증가한다는 것이다. 유소년인구 100명당 고령인구를 의미하는 노령화 지수는 2017년부터 100명을 넘어, 2067년 574.5명으로 5.7배가 될 전망이다.

[그림 1-5] 부양비

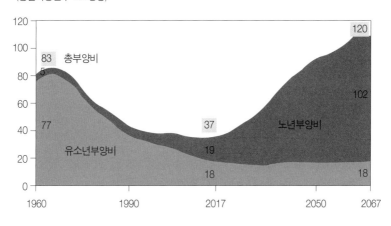

(생산가능인구 100명당)

자료: 통계청(2019), 장래인구특별추계.

　　베이비 붐 세대가 생산연령인구에서 고령인구로 이동하는 2020년
부터 생산연령인구는 급감하고 고령인구는 급증하는 등 연령 계층별 인
구의 변동 폭이 커질 것으로 예상된다.

　　6~21세 학령인구는 2017년 846만 명에서 향후 10년간 190만 명이 감
소할 전망(고위 추계에서는 175만 명, 저위 추계에서는 201만 명 감소)이다. 초등
학교 학령인구(6~11세)는 2017년 272만 명에서 2030년 180만 명으로 2017
년 대비 66% 수준, 중학교 학령인구(12~14세)는 2017년 138만 명에서 2030

[그림 1-6] 주요 연령별 인구와 베이비 붐 세대(1955~1963년생), 2017, 2035년

### 2017년

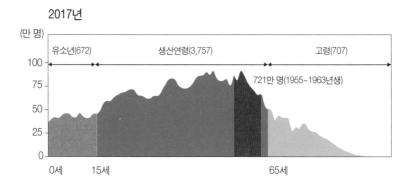

(만 명)

유소년(672)  생산연령(3,757)  고령(707)

100

75   721만 명(1955~1963년생)

50

25

0
  0세   15세   65세

### 2035년

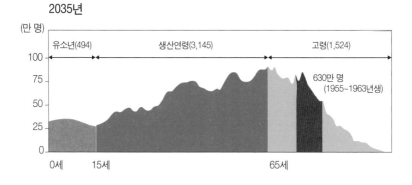

(만 명)

유소년(494)  생산연령(3,145)  고령(1,524)

100

75   630만 명
     (1955~1963년생)

50

25

0
  0세   15세   65세

자료: 통계청(2019), 장래인구특별추계.

년 114만 명으로 2017년 대비 83% 수준, 고등학교 학령인구(15~17세)는 2017년 172만 명에서 2030년 132만 명으로 2017년의 77% 수준, 대학교 학령인구(18~21세)는 2017년 264만 명에서 2030년 181만 명으로 2017년 대비

[그림 1-7] 유소년 및 학령인구 추이

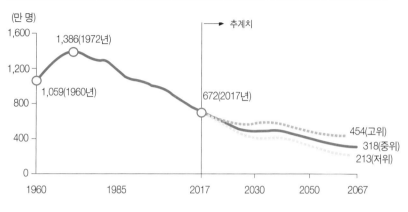

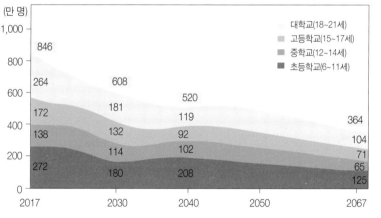

자료: 통계청(2019), 장래인구특별추계.

69% 수준, 대학진학 대상이 되는 18세 인구는 2017년 61만 명에서 2030년 46만 명으로 2017년 대비 76% 수준으로 감소한다.

인구 피라미드는 점차 60세 이상이 두터워지는 역삼각형 구조로 변화되고 있다. 2017년 인구 피라미드는 30~50대가 두터운 항아리형이지만 점차 60세 이상이 두터워지는 역삼각형 구조로 변화될 전망이다.

유엔(UN) 인구 추계에 따르면, 2015~2067년 사이 OECD 일부 국가에서도 인구 감소 현상이 전망된다. 인구가 계속 감소하는 국가는 그리스, 이탈리아, 일본, 포르투갈, 폴란드, 헝가리 등 8개국, 인구가 증가하다가 감소되는 국가는 한국, 네덜란드, 스페인, 체코, 칠레 등 11개국, 인구가 계속해서 증가하는 국가는 미국, 영국, 스위스, 캐나다, 프랑스, 호주 등 16개국이다. 국제 비교 자료에 따르면, 우리나라의 생산연령인구(2017년) 비중은 73.2%로 OECD 국가(2015년) 중 가장 높은 수준이나, 2065년(45.9%)에는 가장 낮아질 전망이다. 고령인구(2017년) 비중은 13.8%로 OECD 국가(2015년)들에 비해 낮은 수준이나, 2065년(46.1%)에는 가장 높아질 것으로 예상된다. 총부양비(2017년)는 36.7명으로 OECD 국가(2015년) 중 가장 낮은 수준이나, 2065년(117.8명)에는 가장 높은 수준이 될 것으로 예상된다.

[그림 1-8] 인구피라미드 구조 변화

(단위: 천 명)

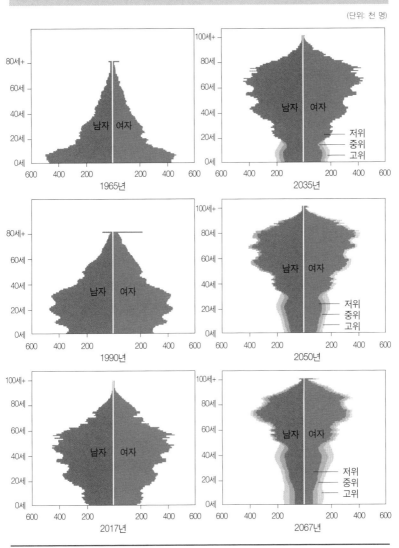

자료: 통계청(2019), 장래인구특별추계.

(생산가능인구 100명당)

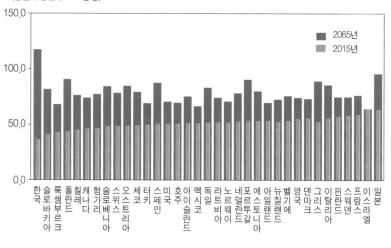

주: 2015년의 경우 한국은 2017년 추계치, 다른 국가들은 2015년 추계치.
자료: UN(2017), 「세계인구전망, 2017 수정」; 통계청(2019), 「장래인구특별추계: 2017~2067년」.

## 대안 없이 재원만 지출

1차 저출산 고령사회 기본 계획 시행 전, 2005년 우리나라 합계출산
율이 1.08이었다. 그 이후로 일시적으로는 개선되는 듯하더니 2007년
1.26명을 기점으로 지속해서 감소했다. 급기야 OECD 국가 중에서 합계
출산율이 가장 낮다. 그즈음 정부는 '저출산의 늪'에서 빠져나올 '골든

[표 1-1] OECD 국가별 인구성장률, 연령 구조 및 총부양비

(단위: %, 생산연령인구 100명당)

| | 인구성장률 | | 연령 구조(구성비) | | | | | | 총부양비 | | 인구변동 요인[2] | | | |
|---|---|---|---|---|---|---|---|---|---|---|---|---|---|---|
| | | | 2015년[1] | | | 2065년 | | | | | 합계출산율 | | 기대수명 | |
| | '15-'20 | '60-'65 | 0~14 | 15~64 | 65+ | 0~14 | 15~64 | 65+ | 2015 | 2065 | '15-'20 | '65-'70 | '15-'20 | '65-'70 |
| 한국 | 0,3 | -1,2 | 13,1 | 73,2 | 13,8 | 8,0 | 45,9 | 46,1 | 36,7 | 117,8 | 1,05 | 1,27 | 82,7 | 90,1 |
| 그리스 | -0,2 | -0,7 | 14,5 | 65,5 | 19,9 | 11,9 | 52,8 | 35,3 | 52,7 | 89,5 | 1,30 | 1,68 | 81,5 | 88,3 |
| 네덜란드 | 0,3 | -0,1 | 16,8 | 65,3 | 17,9 | 15,1 | 56,1 | 28,8 | 53,1 | 78,3 | 1,75 | 1,82 | 82,1 | 88,3 |
| 노르웨이 | 1,1 | 0,4 | 18,0 | 65,7 | 16,3 | 16,0 | 58,4 | 25,5 | 52,1 | 71,1 | 1,83 | 1,86 | 82,4 | 88,7 |
| 뉴질랜드 | 0,9 | 0,2 | 20,0 | 65,4 | 14,6 | 15,8 | 57,8 | 26,4 | 52,9 | 73,0 | 1,97 | 1,79 | 82,1 | 88,7 |
| 덴마크 | 0,4 | 0,2 | 16,8 | 64,1 | 19,0 | 16,2 | 57,6 | 26,2 | 56,0 | 73,5 | 1,76 | 1,85 | 80,9 | 87,6 |
| 독일 | -0,1 | -0,4 | 13,1 | 65,8 | 21,1 | 13,7 | 54,5 | 31,8 | 52,1 | 83,6 | 1,47 | 1,69 | 81,3 | 88,1 |
| 라트비아 | -0,5 | -0,6 | 15,1 | 65,6 | 19,3 | 14,8 | 57,4 | 27,8 | 52,5 | 74,2 | 1,57 | 1,81 | 74,7 | 82,3 |
| 룩셈부르크 | 1,3 | 0,6 | 16,4 | 69,6 | 14,0 | 16,2 | 59,3 | 24,5 | 43,6 | 68,6 | 1,59 | 1,76 | 82,0 | 88,7 |
| 멕시코 | 1,2 | -0,0 | 27,5 | 66,0 | 6,5 | 15,0 | 60,0 | 25,0 | 51,4 | 66,8 | 2,14 | 1,73 | 77,4 | 85,5 |
| 미국 | 0,7 | 0,4 | 19,2 | 66,1 | 14,6 | 17,0 | 58,6 | 24,4 | 51,2 | 70,6 | 1,89 | 1,92 | 79,6 | 86,5 |
| 벨기에 | 0,6 | 0,1 | 17,0 | 64,9 | 18,1 | 15,9 | 56,8 | 27,2 | 54,2 | 76,0 | 1,80 | 1,86 | 81,4 | 88,1 |
| 스웨덴 | 0,7 | 0,4 | 17,3 | 63,1 | 19,6 | 16,6 | 57,3 | 26,2 | 58,5 | 74,6 | 1,91 | 1,93 | 82,7 | 89,0 |
| 스위스 | 0,8 | 0,2 | 14,8 | 67,2 | 18,0 | 14,4 | 55,9 | 29,7 | 48,8 | 78,8 | 1,55 | 1,67 | 83,6 | 89,8 |
| 스페인 | 0,0 | -0,5 | 14,9 | 66,2 | 18,9 | 12,6 | 53,2 | 34,2 | 51,0 | 87,9 | 1,39 | 1,67 | 83,4 | 89,8 |
| 슬로바키아 | 0,0 | -0,7 | 15,3 | 70,7 | 14,1 | 14,0 | 54,9 | 31,0 | 41,5 | 82,0 | 1,46 | 1,75 | 77,0 | 84,1 |
| 슬로베니아 | 0,1 | -0,4 | 14,7 | 67,3 | 18,0 | 14,3 | 54,1 | 31,6 | 48,7 | 84,7 | 1,64 | 1,83 | 81,2 | 88,0 |
| 아이슬란드 | 0,8 | 0,1 | 20,3 | 66,0 | 13,7 | 15,0 | 57,1 | 28,0 | 51,6 | 75,3 | 1,92 | 1,78 | 83,0 | 89,1 |
| 아일랜드 | 0,8 | 0,2 | 21,7 | 65,0 | 13,2 | 16,0 | 58,9 | 25,1 | 53,8 | 69,8 | 1,98 | 1,92 | 81,7 | 88,6 |
| 에스토니아 | -0,3 | -0,6 | 16,1 | 65,0 | 18,8 | 14,5 | 55,5 | 30,0 | 53,7 | 80,2 | 1,66 | 1,84 | 77,7 | 85,4 |
| 영국 | 0,6 | 0,2 | 17,6 | 64,3 | 18,1 | 15,8 | 57,3 | 26,9 | 55,5 | 74,5 | 1,87 | 1,86 | 81,8 | 88,4 |
| 오스트리아 | 0,3 | 0,2 | 14,1 | 67,0 | 18,8 | 14,1 | 54,0 | 31,9 | 49,2 | 85,1 | 1,51 | 1,75 | 81,9 | 88,6 |
| 이스라엘 | 1,6 | 0,8 | 27,9 | 60,9 | 11,2 | 20,0 | 60,8 | 19,2 | 64,2 | 64,4 | 2,92 | 2,11 | 82,7 | 89,3 |
| 이탈리아 | -0,0 | -0,4 | 13,7 | 63,9 | 22,4 | 13,4 | 53,8 | 32,8 | 56,5 | 85,8 | 1,49 | 1,75 | 83,3 | 89,6 |

[표 1-1] 계속

(단위: %, 생산연령인구 100명당)

| | 인구성장률 | | 연령 구조(구성비) | | | | | | 총부양비 | | 인구변동 요인[2] | | | |
|---|---|---|---|---|---|---|---|---|---|---|---|---|---|---|
| | | | 2015년[1] | | | 2065년 | | | | | 합계출산율 | | 기대수명 | |
| | '15~'20 | '60~'65 | 0~14 | 15~64 | 65+ | 0~14 | 15~64 | 65+ | 2015 | 2065 | '15~'20 | '65~'70 | '15~'20 | '65~'70 |
| 일본 | -0.2 | -0.6 | 13.0 | 61.0 | 26.0 | 12.8 | 51.0 | 36.2 | 64.0 | 96.2 | 1.48 | 1.75 | 84.0 | 90.4 |
| 체코 | 0.1 | -0.4 | 15.1 | 66.9 | 18.0 | 14.6 | 55.7 | 29.7 | 49.5 | 79.6 | 1.57 | 1.83 | 78.9 | 86.0 |
| 칠레 | 1.0 | -0.1 | 20.8 | 68.7 | 10.4 | 14.3 | 56.7 | 29.0 | 45.5 | 76.4 | 1.76 | 1.76 | 79.9 | 87.5 |
| 캐나다 | 0.9 | 0.3 | 16.0 | 67.9 | 16.1 | 15.0 | 57.3 | 27.6 | 47.3 | 74.4 | 1.56 | 1.73 | 82.6 | 89.0 |
| 터키 | 0.9 | -0.0 | 25.6 | 66.6 | 7.8 | 15.1 | 59.1 | 25.8 | 50.1 | 69.2 | 2.02 | 1.74 | 76.1 | 85.6 |
| 포르투갈 | -0.4 | -0.6 | 14.1 | 65.2 | 20.7 | 11.6 | 52.5 | 35.9 | 53.4 | 90.6 | 1.24 | 1.67 | 81.5 | 88.6 |
| 폴란드 | -0.1 | -0.8 | 14.9 | 69.5 | 15.6 | 12.0 | 52.3 | 35.8 | 43.9 | 91.3 | 1.29 | 1.68 | 77.8 | 85.2 |
| 프랑스 | 0.4 | 0.1 | 18.3 | 62.8 | 18.9 | 16.2 | 56.8 | 27.1 | 59.2 | 76.2 | 1.97 | 1.94 | 82.8 | 89.1 |
| 핀란드 | 0.3 | 0.1 | 16.4 | 63.3 | 20.3 | 15.6 | 57.1 | 27.3 | 57.9 | 75.1 | 1.78 | 1.83 | 81.6 | 88.2 |
| 헝가리 | -0.3 | -0.6 | 14.4 | 68.1 | 17.5 | 13.8 | 56.4 | 29.8 | 46.9 | 77.4 | 1.40 | 1.69 | 76.1 | 83.3 |
| 호주 | 1.3 | 0.6 | 18.8 | 66.2 | 15.0 | 16.6 | 58.9 | 24.5 | 51.1 | 69.8 | 1.83 | 1.78 | 83.2 | 89.5 |

주: 1) 2015년의 경우 한국은 2017년 추계치, 다른 국가들은 2015년 추계치.
　　2) 합계출산율 및 기대수명은 해당 기간 5년 평균치, 한국은 2017년 및 2067년 추계치.
자료: UN(2017), 「세계인구전망, 2017 수정」; 통계청(2019), 「장래인구특별추계: 2017~2067년」.

타임'이라 주장했지만, 구체적 대안 없이 앵무새처럼 외침에 그치고 만다. 잘못 짜여진 기본 계획에 근거하여 재원만 투입했기 때문에, 합계출산율은 개선할 수 없었다. 2020년 12월, 4차 기본 계획에서 "함께 일하고 함께 돌보는 사회조성"을 외치고 있지만, 그마저도 1차, 2차, 3차 기본 계획의 한계를 그대로 답습하고 있다. 근본적으로 저출산을 해결할 수 있는 구조라 보여지지 않는다. 그렇기에 기본 계획에서 제시한 합계출산율 개선은 가능하지 않다. 근본적인 패러다임의 전환 없이 저출산의 늪에서 빠져나오기란 불가능에 가깝다. 한마디로 말하면, 저출산 정책은 구체적 대안 없이 재정만 투입하는 이른바 조령모개식, 선심성 정책에 머물러 있다는 것이다. 적어도 합계출산율이 현 상태를 유지(또는 더 이상 감소되지 않으려면)하려면, 대혁신에 가까운 정책대안을 펼쳐야 한다. 재원만 투입한다고 문제가 결코 해결되지 않기 때문이다.

## 저출산 탈출에 관한 체계적 고민 부재

한국의 저출산 대응은 이른바 거버넌스 실패(또는 부재)에 따른 정책 실패(또는 부재)라 단언할 수 있다. 1차·2차 기본 계획상 저출산 대책은 출산장려 캠페인, 보육 지원 등 미시적 접근에 그쳤다. 또한 3차 기본 계획상 저출산 대책은 '보육 중심'에서 '만혼 추세 완화'로 정책방향을 선회했지만 정책목표를 달성하지는 못했다. 왜냐하면 만혼(또는 비혼) 추세가 취업–결혼–출산이라는 불확실한 경제 상황을 반영하고 있음을 정부가 정확하게 인식하지 못했기 때문이다. 저출산 정책은 구체성은 물론 방향성 자체의 문제였다. 정부는 외국의 제도를 모방(일종의 모방적 동형화)해 재원만 투입한 것이다. 외국의 제도를 단순 모방해 적용한다고 해서 그 제도가 작동되는 것은 아닌데도 말이다.

그렇다고 해서 정부가 마냥 손 놓고 있을 수도 없는 노릇이다. 이제라도 정부는 저출산의 늪에서 탈출하기 위해 육아, 보육 등이 오롯이 국가의 몫(책임)이라고 천명하고, 사회적 책임 또는 사회투자(social investment)라는 인식의 대전환이 요구된다. 현재와 같이 개별 중앙부처의 분절적·투입중심적 정책은 성과를 달성할 수 없는 구조이다. 국가는 기본 계획에 기초해 개별 중앙부처가 재정만 지출하고, 지방자치단체는 이를 단순 집행해서는 문제를 해결할 수 없다. 또한 자치단체장들이 일종의 매표행위로 출산지원금을 지원하는 것은 본질적 문제해결에 다다를 수 없다. 이제 저출산 문제를 명확하게 정의하고, 협력적 거버넌스 관점에서 명확히 중앙정부와 지방자치단체의 역할을 구분해야 한다.

## 결혼 및 출산할 수 없는 현실 간과

우선, 몇 가지 전제조건을 감안해 저출산 문제가 해결될지 논의해보아야 그 문제가 분명해진다. 즉, 미혼·기혼 또는 비혼으로 구분해야 한다는 것이다. 4차 기본 계획을 기초해 결혼 여부(기혼과 미혼)에 따른 저

[그림 1-10] 결혼 여부에 따른 저출산 정책 대응 경로

| 정책 구분 | 우선 고용 | 결혼 | 고용 및 돌봄, 주거 정책 | 출산 |
|---|---|---|---|---|
| 미혼 | ○ | ○ | ○ | ○ |
| | 우선 정책: 청년 우선고용 → 자녀교육 및 돌봄, 주거 → 출산 | | | |
| 기혼 | ○ | n/a | ○ | ○ |
| | 우선 정책: 고용, 차별 없는 고용, 자녀교육 및 돌봄, 주거 → 출산 | | | |
| 비혼 | ○ | n/a → ○ | ○ | ○ |
| | 우선 정책: 청년 우선고용, 차별 없는 고용, 자녀교육 및 돌봄, 주거 → 출산 | | | |

자료: 저자 작성.

출산 정책을 고려할 필요가 있다. 첫째, 미혼자의 경우 고용 문제가 우선적으로 해결되어야 결혼을 고려하게 되고 이후 출산이 가능해진다. 둘째, 기혼자의 경우 차별 없는 고용(여성의 노동격차, 경력단절 해소 등), 자녀돌봄(결혼 이후) 및 주거 문제가 해결되어야 출산을 고려하게 된다. 함축하면, 미혼자의 경우 우선 고용 문제를 해결해야 한다. 기혼자의 경우, 차별 없는 고용(노동격차, 기혼자), 출산 이후 양육 문제(자녀교육·아이돌봄, 주거안정)를 해결해야 한다. 셋째, 비혼문화도 고려 대상에 포함해야 한다. 이를 요약하면 [그림 1-10]과 같다. 4차 기본 계획(안)에 관해 개별 부처가 세부 대안을 고려할 때 [그림 1-10]에 기초해 정책을 구체화해 나갈 필요가 있다.

**2**

왜 저출산 늪에 빠졌나?

# 저출산은 그냥 신조어에 불과, 정책실패의 결과물

정부가 1차·2차·3차 저출산 고령사회 기본 계획에서 제시한 합계 출산율은 상당히 낙관적이다. 근본 원인을 명확하게 인식하지 못한 채 재정만 투입하면 응당 합계출산율이 올라갈 것이라는 치명적인 오류를 범한 것이다. 재정 당국조차 저출산이 심각한 사회 문제임을 인식하지 못했다. 저출산의 근본 원인은 1960~1970년대 산아제한정책("둘만 낳아 잘 기르자")과 무관하지 않다. 한마디로 이 정책은 완전히 실패한 정책이다. 1960~1970년대 당시 우리나라가 먹고 살기조차 어려웠음을 고려하면 정책의 의도는 이해된다. 그러나 식량수급 등의 문제로 불가피한 정책 수단이라고 치부해도 아쉬움이 크다.

"아들딸 구별 말고 둘만 낳아 잘 기르자"가 엊그제 얘기 같은데, 지금의 대한민국은 인구 절벽과 저출산 극복에 몸살을 앓고 있다.

정부는 1960년대 합계출산율이 6명에 가까울 정도로 인구가 크게 늘면서 강력한 산아정책과 함께 캠페인을 펼쳤다. 6·25 전쟁 이후 인구가 폭발적으로 늘어났다. 한 가정에 자녀가 4~5명은 보통이었다. 학교는 교실이 모자라고 식량까지 부족해지자 정부가 아이를 덜 낳자는 산아제한정책을 시행하였다. 이때는 대한뉴스를 공식 매체 수단으로 활용했다.

〈대한뉴스 454호, 1964년〉

"앞으로 자녀들은 알맞게 낳아서 훌륭히 길러 알뜰한 살림을 이룩해야겠습니다. 덮어놓고 낳다 보면 거지꼴을 못 면한다."

〈대한뉴스 456호, 1964년〉

"많이 낳아 고생 말고 적게 낳아 잘 기르자."

표어와 포스터가 등장하고 세 자녀 이상은 불이익을 받게 되었다. "셋째는 의료보험이 안 됐거든요. 그래서 경제적으로도 아기 낳을 때도 힘들었고요. 그리고 애들 셋 데리고 다니면 사람들이 쳐다보는 시선이 따가운 것 같고 그래서 좀 창피하고 그랬어요."

〈대한뉴스 854호, 1971년〉

"우리 국민 가운데는 흔히들 제 먹을 것은 제가 타고 나온다고 하는 그릇된 관념 때문에 아이를 너무 많이 낳아서 가난을 면치 못하는 사람들이 많습니다."

유엔이 세계인구의 해로 지정한 1974년, 한 여성단체는 임신 안 하는 해 캠페인까지 펼쳤습니다.

〈대한뉴스 983호, 1974년〉

"번영된 사회, 행복한 가정은 이상적인 가족계획으로만 이루어집니다. 딸·아들 구별 없이 둘만 낳아 잘 키우는 것은 경제 수준을 높이는 문화 운동입니다."

하나씩만 낳아도 삼천리는 초만원이라며 가족계획 사업을 벌이던 때가 엊그제 같은데 불과 40여 년 만에 이제는 OECD 국가 중 우리나라는 아이를 낳지 않는 출산율 최하위의 나라가 되었다. 출산율을 높이기 위해 다양한 정책이 펼쳐지고 있다. 육아, 보육 수당에 이어 아동 수당이 지급되고 있고, 난임 시술 비용이 건강보험에 적용되고 있다.

자료: 6~70년대 산아 제한 … '둘만 낳아 잘 기르자' KTV 국민방송 954회에 기초해 저자 작성.

이러한 추세를 반영한 1960~1970년대의 홍보 수단이었던 표어와 포스터를 통해 보면 그 변화 과정을 알 수 있다. 1960~1970년대 가족계획으로 "둘도 많다", "아들딸 구별 말고 둘만 낳아 잘 기르자"라는 포스터에서 2000년대 들어 "혼자가 싫으니 동생을 낳아 달라"는 포스터가 등장했다. 출산억제정책(가족계획)에서 출산장려정책으로 바뀐 셈이다.

어쩌다 이렇게 된 것인가? 우리 사회는 언제부터 저출산 문제를 고민하기 시작했을까? '1960년 합계출산율 6.0명에서 1990년 1.5명, 2013년 1.2명, 2020년 0.84명으로 감소했다. 불과 한 세대 만에 우리 사회의 합계출산율에는 엄청난 가시적 변화가 있었다.

베이비 부머(1946년 이후부터 1965년 사이에 출생한 사람들) 세대들은 산아제한(출산억제)정책을 기억하게 하는 사례가 있다. 예비군훈련장에서도 무료로 정관수술을 해주었던 시절이 있었다. 이때가 바로 전두환 정부 시절이었는데, 박정희 정부의 산아제한을 더 강력하게 추진한 것이다. 1986년의 합계출산율이 1.58이었다는 점을 고려했다면 사실상 1980년대 '무상 정관수술'은 이미 잘못된 정책이었다. 이때 오히려 정부는 산아제한정책을 폐기해야 옳았다. 그러나 당시 '산아제한정책을 폐기하면 기껏 낮춘 합계출산율이 다시 반등할 것'이라는 어설픈 정책판단 때문에 1996년까지도 산아제한정책이 계속되었다.

우리나라의 출산정책을 축약했던 표어들은 시대별로 어떻게 변해 왔을까? 1960년대부터 2000년대까지 시대별 산아제한정책에 관해 알아보자.

## 1960~1970년대: 3 · 3 · 35 운동

1960년대는 보릿고개를 경험하고 있던 시절이었다. 온 국민이 가난에 허덕이던 시절이라 정부는 산아제한정책에 사활을 걸었다. "많이 낳아 고생 말고, 적게 낳아 잘 키우자"라는 구호를 내걸었다. 이에 '3 · 3 · 35 운동'도 벌였다. 즉, 3명 자녀를 3년 터울로 낳고, 35세에 아이를 그만 낳자는 것이었다. 정부는 '아이 적게 낳기 운동'에 총력을 쏟았고, 보건소나 '가족계획 지도원'에서 무료로 불임시술을 해주기까지 했다.

[그림 2-1] 당시 시대상을 가늠하게 하는 출산억제 홍보

자료: www.bing.com

1970년대도 산아제한정책은 계속되었다. 아이를 적게 낳는 것도 중요하였지만, 아들 선호 사상이 뿌리 깊게 박혀 있는 것의 개선이 시급했다. 아들을 낳기 위해 출산을 계속하는 사례들이 많았다. 저자의 어린 시절을 회상해 보면, 시골 동네에 딸 11명을 낳은 집이 있다. 이러한 현실을 대응하기 위한 대안으로 나온 표어가 "딸·아들 구별 말고 둘만 낳아

잘 기르자"였던 것이다. 여기에서 두 자녀를 낳아 키우는 것이 한국 가정의 '4인 가족 표준 모델'이 된 셈이다.

## 1980년대: 두 자녀에서 한 자녀로, 남아 선호

1980년대는 두 자녀에서 한 자녀로 정책이 바뀌었다. 당시 정부는 인구 증가에 관한 우려가 강했기 때문이다. 특히, 이 시기의 변화상은 남아 선호 사상에 대한 강력한 반대 메시지가 표현되고 있다. "하나 낳아 젊게 살고 좁은 땅 넓게 살자", "잘 키운 딸 하나 열 아들 안 부럽다", "사랑으로 낳은 자식, 아들딸로 판단 말자" 등이다.

정부의 산아제한정책에 문제가 있다는 신호를 준 획기적인 때가 바로 1983년이었다. 1983년 합계출산율은 인구대체율(평균 2.1명의 아이를 낳으면 현 수준의 인구를 계속 유지할 수 있음) 2.1명 이하로 떨어졌다. 당시 오일 쇼크 등의 영향과 정부의 적극적 산아제한정책의 결과였다. 사실상 이때 산아제한정책은 폐기해야 옳았다. 그러나 정부는 오히려 출산율 하락이 일시적인 현상일지도 모른다는 인식하에 더욱 강력한 산아제한정책을 추진했다. 그 결과 합계출산율은 점점 더 떨어졌고, 여기에 남아 선호 사상까지 더해져 남아 출생 비율이 116.5(1990년 기준)까지 올랐다.

# 1990~2000년대: 많이 낳아 잘 기르자

1990년대 들어서면서 정부는 산아제한정책을 전면적으로 수정했다. 정부는 1989년 피임사업을 중단하고 사실상 산아제한정책을 중단한 것이다. '산아제한'에서 '자질 향상'으로 변경했던 것이다. 이 정책의 속내는 남아 선호 사상을 근본적으로 해체하고자 했던 것이다. 이제 표어가 바뀌기 시작했다. "아이가 미래입니다", "아기의 울음소리, 미래의 희망소리", "가가호호 둘 셋 출산 하하호호 희망한국", "허전한 한 자녀, 흐뭇한 두 자녀, 든든한 세 자녀" 등 적극적인 출산장려정책으로 급선회했다.

그렇다고 문제가 해결되지 않았다. 골든타임을 놓쳤기 때문이다. 당시 1.5명 내외의 합계출산율은 급격히 떨어져, 급기야 2005년 1.08명 수준으로 떨어졌다. 이래서 등장한 표어가 바로 "아빠, 혼자는 싫어요. 엄마, 저도 동생을 갖고 싶어요", "자녀에게 물려줄 최고의 유산은 형제입니다" 등 많이 낳아 잘 기르자는 메시지로 전환되었다. 저출산에 대한 위기의식이 급속하게 고조되었다는 점을 알 수 있게 한다.

시대별 표어를 살펴보니 이런 표어가 정말 있었을까 싶다. 격세지감이다. 1970년대는 산아제한을 외치는 가족계획 표어가 유독 많았고, '둘도 많다'며 '하나만 낳자'라고 외치던 가족계획의 절정기였다. 그러나 지금 우리 사회는 인구 소멸을 걱정하는 현실에 와 있다. 어찌된 일인가?

1963년에 처음으로 전국가족계획대회를 개최했는데 그때 행사장에 내건 표어는 "우리 집 행복은 가족계획으로"였다. 다음 해에 열린 제2회 대회에서는 가족계획협회가 공개모집을 했다. 5,000여 편의 응모작 중에서 "많이 낳아 고생 말고 적게 낳아 잘 기르자", "알맞게 낳아서 훌륭하게 키우자"라는 표어가 뽑혔다. 매우 점잖고, 다소 밋밋하고, 더불어 좀 진부한 내용이었다.

"아이를 낳아라 말아라 하고 명령 투로 강압하는 것은 계몽이 아니지요. 정부에서 부부의 성생활까지 이러쿵저러쿵 강제한다는 반발을 살까봐 매우 조심스러웠어요. 적어도 초기에는 그랬어요."

가족계획협회 사무총장을 지낸 천을윤 씨의 얘기다. 적어도 이때까지는 표어나 포스터에서 몇 명을 낳으라거나 몇 명 이상은 낳지 말자는 식의 숫자 개념으로 홍보를 한 게 아니라, 책임질 수 있는 만큼의 자녀를 낳아서 훌륭하게 잘 키우자는 호소를 담고 있었다.

그러다 1966년에 이르러서는 다소 구체적이고도 공격적인 내용으로 슬로건이 바뀐다. 협회에서 홍보 전략회의가 열렸는데, 논의 내용이 이러했다.

"막연하게 적당히 낳자, 알맞게 낳자, 그런 식으로 하지 말고 이제부터는 몇 명을 낳자고 아예 숫자로 못을 박아서 홍보를 할 필요가 있어요." "한 가정에

네 명 정도면 알맞지 않을까요? '자녀 네 명 갖기 운동'을 하면…." "그럼 세 자녀밖에 없는 사람한테는 일부러 한 명씩 더 낳으라는 얘기가 되는데?"

"요즘 세상에 자식이 셋밖에 없는 집이 얼마나 됩니까."

"아예 과감하게 세 명으로 줄입시다. 그래야 인구 증가 그래프를 꺾을 수 있어요. 그리고 무턱대고 셋만 낳자고 할 게 아니라, 적당한 출산 터울을 제시해 주는 건 어떨까요?"

"그게 좋겠어요. 연년생으로 출산을 하게 되면 산모 건강도 문제고, 또 육아나 교육에도 부담이 되니까 3년 터울로 낳자는 운동을 함께 벌이기로 하지요."

이렇게 해서 1966년에 생겨난 캠페인이 바로 '3-3-35 운동'이다. 3자녀를 3년 터울로 35세 이전에 낳고 단산하자는 것이었다. 노래도 만들어졌다. 박목월이 가사를 쓰고 손석우가 곡을 붙인 '사랑의 열매'(일명 '가족계획의 노래')가 그것이다. 가사에 "한 개씩 3년마다 열매가 여는…"이라든가 "하늘의 삼태성은 삼남매지만…"이라는 구절이 나오는데 다소 억지스럽다는 느낌이 든다.

우리들의 귀에 익은 '두 자녀 갖기' 표어가 처음 선보인 때는 1971년이었다. 그러니까 1964년부터 만 7년 동안 '세 자녀만 낳자'는 캠페인을 벌인 셈이다. 1971년의 공모에서 최우수작으로 선정된 표어는 "아들딸 구별 말고 둘만 낳아 잘 기르자"였다. 가족계획협회에서 '3-3-35 운동'을 폐기하고 두 자녀 갖기로 자녀의 수를 낮춰 잡은 것이다.

그런데 이 표어는 "딸아들 구별 말고 둘만 낳아 잘 기르자"로 아들과 딸의 위치가 바뀌었다. 딸만 있는 집안에서 아들이 태어날 때까지 출산을 거듭하는 남아 선호 풍조가 인구 증가의 또 다른 요인이었으므로, 과감하게 딸을 앞에 두기로 한 것이다.

2002년도에 내가 서울 영등포에 자리한 '대한가족보건복지협회'(옛 대한가족계획협회)에 취재차 들렀을 때, 사무실 복도에는 가족계획협회 홍보모델이었던 차범근 선수 부부가 딸과 함께 웃고 있는 빛바랜 포스터가 붙어 있었다.

　포스터에는 "하나만 더 낳고 그만 두겠어요"라는 글귀가 새겨져 있었다. 그런데 차 선수는 딸 '하나'에 이어 아들 '두리'를 낳고, 아들 '세찌'를 또 낳았으니 순전히 파울 플레이를 한 셈이다. 1980년대 들어서 드디어 '하나 낳기' 운동이 전개되었다. 이때 나온 대표적인 표어가 바로 "하나씩만 낳아도 삼천리는 초만원"이다. 어느 날 TV에 나온 코미디언이 이를 비꼬아 이렇게 말했다. "까짓것, 한 집 걸러 하나만 낳자!"

자료: 한국농정신문(2019. 3. 3), http://www.ikpnews.net

## 무엇이 문제인지 인식조차 없었다.

　우리나라 저출산 정책은 프랑스와 스웨덴을 벤치마킹하여 설계했다. 그러나 저출산 대응 정책을 평가해 보면 미시적 또는 임기응변적 접근에 그치거나, 현실성이 없는 대책에 가깝다. 정부가 본질적 해결책을 제시하지 못한 채 단순히 재정만 투입한 것이다. 우리 정부는 제도(또는 정책)를 도입할 때 외국의 제도를 많이 벤치마킹하여 내·외적 정당성을 추구한다. 논리를 비약하면, 세계 각국에서 좋다고 평가받는 제도 중에서 한국에 없는 제도를 찾아보기 어렵다. 이러한 현상을 '모방적 동형화'라 명명하는데, 그냥 모방한다는 의미이다.

　1차·2차 저출산 기본 계획은 프랑스와 스웨덴의 '보육 중심' 정책을 근간으로 한다. 따라서 1차·2차 저출산 정책은 완전히 실패했다고 평가할 수 있다. 왜냐하면 프랑스와 스웨덴은 우리나라와 사회·문화 구조가 다르다. 정부가 "낳기만 하십시오. 국가가 키워드립니다"라는 슬로건을 내세웠지만 정작 부모들은 보육비 부담을 걱정한 탓에 출산을 꺼린 것이다. 정부는 '보육 중심'의 정책을 외쳤지만 정작 제대로 된 정책은 추진하지 않았다. 예컨대, 직장 내 보육시설 등을 대대적으로 확충해, 맞벌이 부부들이 가장 애로점으로 느끼는 아이를 믿고 맡길 수 있는 곳을 마련하지도 못했다.

　설령, 외국의 제도를 벤치마킹하였다고 하더라도, 우리의 실정에 맞게 제도를 재설계해야 했다. 설령, 1차 저출산 대응 정책(예, 보육정책)은 제도 도입 초기로 다양한 요소를 고려하지 못했다고 치자. 그렇다면 적어도 2차 저출산 기본 계획 수립 시에는 1차 저출산 대응 정책의 효과를 면밀하게 검토했어야 했다. 아쉽게도 그 과정을 생략하고, 일부 수혜 대상만 변경한 채 2차 저출산 기본 계획을 수립했으니 정책효과는 담보할 수 없게 된 것이다. 즉, '보육 중심'에서 '만혼 추세 완화'로 정책을 변경하였을 뿐, 기존 '보육 중심' 정책에 '만혼 추세 완화'를 추가한 것에 불과하다. 함축하면, 저출산 문제의 근원은 안일한 정책설계에서부터 비롯된 것이다.

## 기본 계획만 세우면 되는 줄 착각

제1차 저출산 기본 계획(2006~2010)은 약 19조 1,485억 원, 제2차 저출산 기본 계획(2011~2015)은 약 62조 원, 제3차 저출산 기본 계획(2016~2020)은 약 142조 2,598억 원 규모이다. 1~2차 저출산 기본 계획(2006~2015)까지는 '결혼·출산·양육 부담 경감' 관련 재정지출이 가장 많고, '일·가정 양립' 영역, '아동·청소년 성장' 순이다.

### (1) 1~3차 저출산 고령사회 기본 계획

정부는 2006년부터 저출산 고령사회 기본 계획(2006~2010)을 수립해 사업을 추진했다. 핵심은 영·유아에 대한 보육 및 교육비 지원을 확대하고, 방과 후 학교 내실화를 통한 사교육비 억제정책에 초점을 맞추었다. 정책목표는 출산과 양육에 관한 사회적 책임 강화, 양성평등 사회·문화 조성으로 일-가정의 양립 유도, 미래세대 육성을 위한 사회투자 확대 등 출산·양육에 유리한 환경 조성에 주안을 두었다. 특히, 출산·양육은 현금지원 방식으로 지원했고, 양성평등 관련 사회·문화 조성은 제도 개선이나 환경 조성 방식으로 지원했다. 저출산 대응 세부 정책(총 85개)은 15개 중앙부처(매년 중앙부처 수는 과제 및 예산 등의 차이 발생 가능)와 광역시·도가 매년 시행계획을 수립하여 추진하였는데, 다음과 같은 한계가 있었다. 수혜자는 저소득층이 대상(중산층 이상 배제)이고, 일-가정 양립 지원을 위한 육아휴직제도는 공공부문 위주로 시행되어 비정규직 및 영세사업체 근로자, 자영업 근로자는 배제되었다. 또한 국민의 요구(예, 보육시설, 보육시설의 질적 수준)와 실행 간 괴리 발생으로 불신감을 초래했다. 아울러 일-가정 양립 대응책이 미흡한 상황에서 기업의 적극적 참여만을 강요해 부담만 가중시키는 결과를 초래했다.

정리하면 1차 기본 계획은 출산과 양육에 대한 사회적 책임 강화, 일과 가정 양립, 미래세대 육성을 위한 사회투자에 초점을 맞추고 '인구억제정책'에서 '출산장려정책'으로 전환하였다. 반면, 중산층 이상 배제, 저출산 원인에 대응한 접근방법의 비체계적, 일-가정 양립 제한, 임신·출산·양육 관련 인프라 부족 또는 질적 수준 미흡 등 한계가 있었다.

이와 별개로 저출산 대응 정책의 한계를 지적하지 않을 수 없다. 저출산 정책은 실행(추진)의 문제도 있지만, 그보다 제도 시행 자체가 너무 늦었다. 좀 더 일찍 산아제한정책을 폐지하고, 출산장려정책을 추진했어야 옳았다. 이렇듯 골든타임을 놓치고 나서 대책(합리적 대안이라 가정하더라도)을 내놓은들 백약이 무효한 상황으로 이어진 것이다.

[표 2-1] 1차 저출산 기본 계획(저출산 정책)(2006~2010년)

(단위: 백만 원)

| 구분 | 2006 | 2007 | 2008 | 2009 | 2010 | 합계 |
|---|---|---|---|---|---|---|
| 결혼·출산·양육에 대한 사회책임 강화 | 1,799,666 | 2,699,876 | 3,391,412 | 3,897,889 | 4,894,053 | 16,682,896 |
| 일과 가정 양립·가족 친화 사회·문화 조성 | 158,015 | 219,395 | 273,464 | 411,263 | 418,204 | 1,480,341 |
| 건전한 미래세대 육성 | 63,701 | 135,090 | 199,254 | 296,715 | 290,468 | 985,228 |
| 합계 | 2,021,382 | 3,054,361 | 3,864,130 | 4,605,867 | 5,602,725 | 19,148,465 |

자료: 한국보건사회연구원(2020), 저출산 정책 예산구조분석.

제2차 저출산 고령사회 기본 계획(2011~2015)은 1차 사업의 핵심인 저소득층 보육 위주 정책의 한계를 극복하기 위해 중산층까지 확대하고, 보육에서 일·가정의 양립을 위해 직장 내 육아와 교육 혜택 확충에 초점을 두었다. 2차 기본 계획의 목표는 점진적 출산율 회복, 보육과 양육의 부담을 경감하기 위해 보육 교육비 전액 지원 대상을 소득하위 70%까지 확대, 공공형/자율형 어린이집으로 개편, 보육시설 서비스 질 개선(전일제, 반일제 등), 보육시설을 이용하지 않는 아동에게 양육수당 지급 등이다.

하지만 다음과 같은 한계가 노출되었다. 1차 기본 계획의 효과를 면밀히 분석하지 않은 상황에서 2차 기본 계획의 양육비 경감은 제한적이었고, 결혼장려정책도 없었다. 또한 기업의 자발적 정책참여를 강요했

[표 2-2] 2차 저출산 기본 계획(저출산 정책)(2011~2015년)

(단위: 백만 원)

| 구분 | 2011 | 2012 | 2013 | 2014 | 2015 | 합계 |
|---|---|---|---|---|---|---|
| 결혼·출산·양육 부담 경감 | 6,485,362 | 9,754,946 | 12,581,802 | 13,467,524 | 13,043,127 | 55,332,761 |
| 일과 가정의 양립 일상화 | 462,223 | 677,723 | 740,878 | 851,187 | 1,023,545 | 3,755,556 |
| 아동·청소년의 건전한 성장 환경 조성 | 486,420 | 508,769 | 627,719 | 597,783 | 716,277 | 2,936,968 |
| 합계 | 7,434,005 | 10,941,438 | 13,950,399 | 14,916,494 | 14,782,949 | 62,025,285 |

자료: 한국보건사회연구원(2020), 저출산 정책 예산구조분석.

지만 그 실효성은 거의 없었다. 더불어 전업주부 지원정책이 포함되지 않았고, 국민임대주택 슬럼화 등의 한계가 노출되었다.

　2차 기본 계획은 맞벌이 부부에 초점을 맞춘 정책으로 전업주부와 미혼여성이 상대적으로 소외되었다. 해외 국가에서는 맞벌이 부부에 초점을 둔 저출산 대책의 한계를 인지하고, 전업주부를 위한 정책과 자영업 근로자로서 경제활동을 하는 기혼여성의 특성을 적극 반영하였다. 또한 2차 기본 계획은 정부가 출산을 개인이 아닌 사회 문제로 인식, 여성 근로자의 육아 여건 개선(육아휴직 후 직장복귀 등), 정책 대상을 중산층으로 확대해 다소 긍정적 평가를 내릴 개연성도 있었다. 그러나 아쉬운 점은 1차 기본 계획의 효과를 면밀하게 분석하지 못한 상황에서 대안을 마련하지 못했다.

제3차 저출산 고령사회 기본 계획(2016~2020)은 OECD 국가의 합계출산율 평균 수준 회복을 목표로 했다. 저출산 대응 정책은 무상보육, 출산비 지원 정책에서 만혼 추세 완화, 맞벌이 가구 출산율 제고, 출생 및 육아 지원 강화에 초점을 두었다. 그러나 고용, 주거, 교육 등 사회구조적 여건 변화가 출산력 제고에 긍정적 영향을 미칠 것이라는 인식의 한계에도 불구하고, 저출산 추세의 반전을 통해 2020년 합계출산율 1.4의 막연한 목표를 제시했다. 하지만 만혼 추세의 완화를 위한 구체적 대안은 제한적이었고, 청년고용 활성화마저 1차·2차 기본 계획과 별반 다르지 않은 백화점식 나열에 불과했다.

3차 기본 계획은 만혼 추세 완화, 맞벌이 부부 출산율 제고, 출산·양육 지원 강화를 목표로 방향을 전환하였다는 점에서 의미를 부여할 수 있지만, 결국 1·2차 저출산 정책은 백화점식 나열한 것에 불과해 근본적 해결에 한계를 지닐 수밖에 없었다. 특히, 장시간 근로, 결혼·출산 시 경력단절, 맞벌이 보편화에도 남성의 육아 및 가사 참여 저조, 일–가정 양립 실천을 위한 지원 미흡 등을 거론할 수 있다. 그러나 가장 근본적인 문제는 저출산 행태에 관한 면밀한 분석 없이 3차 기본 계획을 추진한 것이다. 2020년 발표된 4차 기본 계획마저도 3차 기본 계획과 연계가 제한적이고, 크게 다르지 않다.

[표 2-3] **3차 저출산 기본 계획(저출산 정책)(2016~2018년): 재구조화 이전**

(단위: 백만 원)

| 구분 | 2016 | 2017 | 2018 | 합계 |
|---|---|---|---|---|
| 청년 일자리 · 주거대책 강화 | 3,531,625 | 4,973,522 | 3,816,628 | 12,321,775 |
| 난임 등 출생에 대한 사회적 책임 강화 | 1,203,511 | 1,422,775 | 2,400,380 | 5,026,666 |
| 맞춤형 돌봄 확대 및 교육 개혁 | 15,853,531 | 16,356,855 | 16,596,209 | 48,806,595 |
| 일 · 가정 양립 사각지대 해소 | 1,004,471 | 1,174,903 | 1,384,868 | 3,564,242 |
| 합계 | 21,593,138 | 23,928,055 | 24,198,085 | 69,719,278 |

자료: 한국보건사회연구원(2020), 저출산 정책 예산구조분석.

기혼부부에 초점을 맞춘 정책 대응은 한계를 보일 여지가 크기 때문에 만혼 또는 독신의 증가 원인을 체계적으로 분석할 필요가 있다. 강력한 결혼(혼인)지원정책을 통해 혼인을 합리적으로 선택할 수 있는 기회를 제공해, 공공임대주택 공급뿐만 아니라 청년고용 활성화, 비정규직의 정규직 확대, 임금격차 해소 등을 고려한 정책이 시급했다. 만혼 추세는 여성의 문제만이 아니라, 남성의 미취업 또는 불안정한 직업 등과 연관되어 혼인을 늦추는 것이다. 그 외 인구학적 요인으로 저출산은 정부의 '산아제한정책'과 관련성이 크다. 그러나 저출산은 시대적 추세를 반영한 것이기 때문에 산아제한정책과는 무관하게 자연스러운 현상이라는 주장도 있다. 이렇듯 저출산 대응으로 다양한 논의를 할 수 있지만, 미혼 남녀에게 결혼이나 출산을 강요할 수 없다. 따라서 결혼과 출산에 관한 유인 체계를 설계하는 것이 더욱 중요하다. 저출산 대응기구 신설 등 구조적 개편 역시 필요하다. 즉, 저출산 대책을 추진할 강력한 컨트롤 타워를 설립하여, 저출산 관련 정책과 예산을 총괄하는 독립기관(또는 독립기구)이 되게 해야 한다.

이렇듯 저출산 정책의 한계와 대안을 논하는 정도에 머물러서는 안 된다. 거버넌스 관점에서 구체적 대안을 모색할 필요가 있다. 재정 투입 지향적 저출산 정책은 한마디로 거버넌스 실패(또는 부재)라 할 수 있다. 협력적 거버넌스 관점에서 저출산을 극복할 수 있는 정책대안 마련이 시급하다. 그런데도 4차 기본 계획에서는 이러한 한계를 치유하기 위한 흔적은 찾아볼 수 없다.

## (2) 4차 저출산 고령사회 기본 계획(위원장, 대통령)

2020년 12월 발표된 제4차(2021~2025) 저출산 고령사회 기본 계획은 "함께 일하고 함께 돌보는 사회"를 근간으로 한다. 핵심정책은 생애 초기 영아에 대해 보편적 수당 지급 등 영아기 집중투자, 3+3 육아휴직제, 육아휴직 소득대체율 인상, 아동 돌봄의 공공성 강화, 다자녀 가구에 대한 주거·교육 지원 확대 등이다. 하지만 기본 계획이 구체적이지 못하다. 3차 기본 계획과 체계적으로 무엇이 다른지 파악할 수 없다. 수사어적 용어("함께 일하고 함께 돌본다")로 기본 계획을 포장하고 있지만, 일부

[표 2-4] **3차 저출산 기본 계획(저출산 정책)(2019~2020년): 재구조화 이후**

(단위: 백만 원)

| 구분 | 2019 | 2020 | 합계 |
|---|---|---|---|
| 출산·양육비 부담 최소화 | 3,996,961 | 4,146,883 | 8,143,844 |
| 아이와 함께하는 시간 최대화 | 1,358,677 | 1,407,493 | 2,766,170 |
| 촘촘하고 안전한 돌봄 체계 구축 | 12,087,095 | 13,230,800 | 25,317,895 |
| 모든 아동 존중과 포용적 가족문화 조성 | 330,751 | 408,231 | 738,982 |
| 2040세대 안정적 삶의 기반 조성 | 14,584,286 | 20,989,332 | 35,573,618 |
| 합계 | 32,357,770 | 40,182,739 | 72,540,509 |

자료: 한국보건사회연구원(2020), 저출산 정책 예산구조분석.

현금 지원 및 서비스 지원을 확대한 정도에 불과하다.

　4차 기본 계획에 따르면, 저출산·고령화 위원회 운영을 위한 사무국 5개 과(미래총괄과 등)와 실제 정책 추진을 위한 보건복지부, 기획재정부 등 7개 관계부처만 제시하고 있다. 4차 기본 계획은 개략적인 윤곽만 제시하고 있을 뿐, 저출산의 늪에서 빠져 나올 구체적인 로드맵을 제시하지 못하고 있다. 아울러 현금성 지원과 서비스 지원을 구분해 설명하고 있지만 소요 재원마저 구체적이지 않다. 여전히 근시안적 처방에 머물러 있어 저출산 문제 해결을 위한 근본적인 처방을 내놓지 못하고 있다.

　결과적으로 4차 기본 계획마저 기존의 계획과 크게 차이가 없다. 저

[표 2-5] 제4차 기본 계획 정책대상별 주요 과제

| 현금성 지원 | 대상 | 서비스 지원 |
|---|---|---|
| ■ 영아수당 신규 도입(0~1세 대상, 2022년)<br>• 2022년부터 단계적 도입, 2025년 월 50만 원 지급<br>■ 첫 만남 꾸러미(II) 신규 지원(아동 출생시, 1922년)<br>• 초기 양육 비용으로 200만 원 바우처<br>■ 아동수당 지원 대상 단계적 확대 검토 | 영유아<br>·<br>아동 | ■ 공공보육 이용률 50% 달성(~2025)<br>■ 돌봄서비스의 확대 및 서비스 질 제고<br>• 시간제보육 및 아이돌봄서비스 확대 등<br>• 교사 대 아동 비율 적정성 제고 등<br>■ 온종일돌봄 지속 확충 |
| ■ 독립 미혼청년 주거급여 분리 지급<br>■ 청년의 자산형성 지원 확대<br>• 청년내일채움공제 확대<br>• 청년저축계좌 지원규모 확대<br>■ 전 · 월세 청년 금융지원 강화(40만 가구) | 청소년<br>·<br>청년 | ■ IT 활용 지능형 학습지원 체계 구축<br>■ 그린 스마트 스쿨 구현<br>■ 청년 맞춤형 임대주택 24만 호 공급<br>■ 청년 취업 · 창업 지원 확대<br>• 고교 취업연계 장려금 지원<br>• 국민취업지원제도 청년특례(월 50만 원×6개월)<br>• 분야별 청년 창업 지원 확대 등 |
| ■ 출산 크레딧 확대 추진<br>■ 청소년 산모 의료비 지원연령 상향(18→24세) | 여성 | ■ 성평등한 일터 조성<br>• 성평등 경영 공표제 도입<br>• 채용성비 추가 등 적극적 고용개선 조치(AA) 강화<br>• 노동위원회 성차별 · 성희롱 구제절차 신설<br>■ 경력단절예방 및 유망 분야 진출 지원 강화<br>• 새일여성 인턴지원금 및 고용유지장려금 지원<br>■ 수요자 중심 안전한 난임 지원 강화 |
| ■ 출산 전후 모성보호 강화<br>• 예술인 · 특고 출산 전후 급여 지원<br>• 임신 중 육아휴직 적용<br>■ 첫 만남 꾸러미(I) (임신시, 2022년)<br>• 임신 · 출산 진료비 바우처 확대(60→100만 원)<br>■ 보편적 육아휴직 권리 확립(육아휴직 급여)<br>• 특고, 자영업자 등 육아휴직 사각지대 해소<br>• 육아휴직 소득대체율 인상(80%, 150만 원) | 아동<br>양육<br>부모 | ■ 다자녀 가구 주거 지원 확대<br>• 임대주택 공급 2.75만호 공급(1921~1925)<br>• 무보증금 또는 50% 할인 적용<br>• 넓은 평형 이주시 우선권 부여 등<br>■ 신혼부부 · 아동양육가구 주거 지원(75.4만 가구)<br>■ 셋째 이상 자녀 대학등록금 전액 지원 |

[표 2-5] 계속

| 현금성 지원 | 대상 | 서비스 지원 |
|---|---|---|
| • 부모 모두 3개월+3개월 육아휴직 지원<br>• 중소기업 육아휴직 지원금 인상(월 200만 원)<br>■ 한부모 추가자녀양육비 지원 대상 확대(24→34세) | 영유아·아동 | ■ 생애주기별 근로시간 단축, 휴식권 보장<br>• 가족돌봄휴가, 연차휴가 활성화<br>• 육아기 근로시간 단축·유연근무 활성화<br>■ 고위험 임산부 의료 지원 확대 |
| ■ 생계급여 부양의무자 기준 폐지(1921)<br>■ 기초연금 확대(최대 30만 원 하위 40→70%)<br>■ 다층노후소득보장 강화<br>• 국민연금 저소득 지역가입자 보험료 지원, 퇴직연금제도 도입 의무화, 주택연금 대상 확대<br>■ 치매 검사비 지원 확대 및 가족상담수가 도입(1923)<br>■ 평생교육 바우처 확대(최대 35→70만 원)<br>■ 내일배움카드 확대(디지털 분야 50만 원 추가) | 중장년·고령자 | ■ 노인 일자리 확대 및 맞춤형 일자리 개발<br>■ 생애경력 설계 서비스(이직 예정 3년 전부터 지원)<br>■ 신중년 적합직무 고용장려금 지원(40-80만 원)<br>■ 장기요양보험 수급자 확대(OECD 수준 노인 11%)<br>■ 건강생활 실천 위한 건강인센티브제 도입<br>■ 지역사회 통합돌봄 전국 확산(1925년)<br>■ 신규 고령자 복지주택 공급(1925년까지 2만 호)<br>■ (가칭) 「노인금융피해방지법」 제정 |

자료: 저출산·고령화위원회(2020), 4차 기본계획(안).

출산 대응정책의 가장 큰 문제는 구체적인 목표가 부재한 상태에서 정부(위원회를 중심)가 기본 계획을 수립하고, 그 계획에 기초하여 개별 중앙부처와 지방자치단체가 사업을 수행하는 것이다(재정만 투입되면 문제가 해결될 것이라는 착각). 잘못 짠 기본 계획에 따라 정책 수단을 이행해 본들 의미 있는 성과가 나오기란 어렵다. 저출산에 대응하기 위해 명확한 문제 정의를 통한 정책수립이 요구되는데, 그렇지 못하고 있다. 저출산 문제의 '문제 정의'에 오류가 있지 않은지 고민이 필요하다. 이미 설명

**[표 2-6] 연차별 소요재원 추계(잠정)**

(단위: 억 원)

| 연도별<br>구분 | 2020 | 2021~2025년 소요예산액 | | | | | |
|---|---|---|---|---|---|---|---|
| | | 2021 | 2022 | 2023 | 2024 | 2025 | 계 |
| 계 | 626,467 | 705,603 | 741,719 | 763,244 | 793,971 | 833,622 | 3,838,158 |
| 1. 함께 일하고 함께 돌보는 사회 조성 | 333,112 | 364,027 | 386,820 | 385,123 | 398,045 | 423,516 | 1,957,531 |
| 2. 건강하고 능동적인 고령사회 구축 | 205,716 | 232,130 | 247,025 | 259,662 | 272,941 | 287,795 | 1,299,552 |
| 3. 모두의 역량이 고루 발휘되는 사회 | 73,986 | 91,261 | 85,645 | 97,492 | 102,078 | 101,385 | 477,861 |
| 4. 인구 구조 변화에 대한 적응 | 13,653 | 18,185 | 22,229 | 20,967 | 20,907 | 20,926 | 103,214 |

자료: 저출산 고령화위원회(2020), 4차 기본 계획(안).

한 바와 같이 3종 오류를 범하고 있는지도 모른다. 4차 기본 계획에서는 현재와는 근본적으로 달려져야 했지만 아쉽게도 기존 계획과의 차별점이 분명하지 않다. 패러다임 전환이 절실하다. 저출산 문제의 근본 원인이 무엇인지? 무엇을 어떻게 추진할지? 등에 관해 협력적 거버넌스 관점에서 체계적인 논의가 필요하다. 정부는 4차 기본 계획(안)을 발표했는데, 그간의 정책효과를 체계적으로 분석하지 못한 듯하다. 3차 기본 계획과 별반 다르지 않은 아무런 의미 없는 기본 계획을 발표한 것은 아닌지 의문이 든다.

## 1차 골든타임은 1986년: 산아제한정책이 아닌 출산정려정책으로

1986년 합계출산율 수치 1.58은 정부의 산아제한정책이 틀렸다는 것을 명확하게 알려 준다. 단순히 산수로만 계산해 보아도 인구대체율이 2.1은 되어야 현재의 인구가 유지된다. 그 이하이면 인구는 당연히 줄어들게 마련이다. 그런데 어째서 정부는 합계출산율 1.58이라는 수치를 보고 일시적인 현상이라고 단정을 했을까? 합계출산율이 올라갈 것이라는 엉뚱한 기대의 근거는 무엇일까? 잘못된 판단에서 비롯된 정책결정이다(3종 오류). 그로 인해 정부는 산아제한정책을 더욱 강력하게 추진했다. 오히려 산아정책을 완전히 포기하고 저출산 정책으로 급선회를 해도 이미 늦었다. 때를 놓침을 알지 못했다. 이를 두고 당시 정책을 펼친 전두환 정부와 관료들은 뭐라 변명을 할텐가?

## 2차 골든타임은 1998년 금융 위기는 되었어야 …

금융 위기는 저출산 추세를 더욱 심화시켰다. 이전까지만 해도 취업은 아무런 문제가 아니었는데, IMF 금융 위기 이후 청년세대들에게는 취업이 또 다른 관문이 된 것이다. 따라서 결혼은 꿈도 꿀 수 없게 된 것이다. 그럼에도 불구하고 정부의 저출산 정책이 추진되었다. 시대의 변화를 인지하지 못했으며, 위기의식도 갖지 못했다. 이 시기를 2차 골든 타임이라 할 수 있다.

이렇듯 저출산 극복을 위한 2차례의 골든타임을 놓치고서야 정부는 2005년 산아제한정책에서 저출산 정책(출산율 높이기 위한 대응)으로 근본적인 전환을 시도했다. 2005년 5월 청와대 주도로「저출산고령사회기본법」을 추진해 국회를 통과했다. 명실상부 대통령 소속 '저출산고령사회위원회'가 출범했고, 보건복지부에 '저출산고령사회본부'가 발족되었다. 노무현 정부 시절인 2004년, 대통령 자문기구로 '고령화 및 미래위원회'를 만들고 총리실에 저출산 대책반(TF)을 구성하는 등 저출산 대책 마련에 나섰다. 하지만 대통령 주재로 열린 저출산 대책 마련을 위한 회의에서 당시 주요 장관들조차 돈만 많이 들고 출산율은 오르지 않을 것이라며 반대했다고 한다. 노무현 대통령은 "출산율 수치에 연연하지 말자. 결혼을 안 하고 애를 안 낳는 건 인간 기본권 문제인데 그 원인을 치료해 주어야지 결과만 보면 안 된다"라고 일침을 가했다고 한다.

저출산고령사회위원회가 출범한 후 난항을 거듭한다. 이명박 정부 출범 직후인 2008년 이 위원회는 대통령 소속에서 복지부 장관 소속으로 격하되었다. 다행히도 2011년 법개정을 통해 위원회는 다시 대통령 소속으로 격상되었지만(2012년 5월), 이명박 대통령과 박근혜 대통령은 위원회에 참석조차 하지 않았다. 우여곡절에도 불구하고 「저출산고령사회기본법」 제정 이후 저출산 대책은 범정부 차원에서 주력사업으로 자리 잡았다. 그 결과 범정부 종합대책인 '저출산고령사회 기본 계획'을 발표했다. 매 5년간 재정을 투입하는 야심찬 계획이었지만 이렇다 할 성과는 없었다.

## 합계출산율 수치만 높이겠다는 인식의 오류

한국은 OECD 국가 중 합계출산율이 가장 낮은 수준이다. 단순하게, 산술적 계산만으로 현재 인구 규모가 유지되기조차 어렵다. 우리나라 합계출산율은 1992년 1.8로 감소한 이래 지속적으로 감소하고 있다. 적어도 정부가 1990년대 말에는 저출산 대응을 시작했어야 했다. 한때 저출산 추세가 일시적 현상일 것이라 판단한 것이 치명적 오류를 범한 것이다.

통계청(2018) 발표 자료에 의하면, 2020년 합계출산율(중위 1.24, 고위 1.38, 저위 1.10)은 절대로 달성할 수 없는 예측치였다. 단순히 산술적 계산만으로도 합계출산율(저위) 1.1 달성은 어불성설이었다. 정부는 합계출

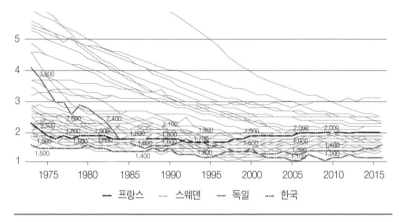

[그림 2-2] 국가별 합계출산율 추이

--- 프랑스   --- 스웨덴   --- 독일   --- 한국

자료: OECD DATA, "Fertilityrates", https://data.oecd.org/pop/fertility-rates.htm#indicator-chart

산율 저위 수준마저 낙관적으로 전망했다. 추후 특단의 조처가 없는 한,

2019년 기준 합계출산율 0.92를 유지하기도 어렵다. 이를 입증하듯 2020

년 합계출산율은 0.84를 기록했다.

4차 기본 계획은 다양한 영향 요소를 반영하였음에도 불구하고, 합

계출산율을 낙관적으로 전망하고 있다. 즉, 합계출산율 중위 수준에 기

초해 2021년까지 0.86명까지 하락한 후 증가할 것이라 전망하고, 합계출

산율 저위 수준에 기초해 2022년까지 0.72명까지 하락한 후 증가할 것이

라 전망하고 있다. 또한 2060년 합계출산율도 여전히 낙관적으로 전망

한다(저출산고령화위원회, 2020).

[표 2-7] 합계출산율 추이 예측

| 구분 | | 2015 | 2020 | 2025 | 2030 | 2035 | 2040 | 2050 | 2065 |
|---|---|---|---|---|---|---|---|---|---|
| 합계<br>출산율 | 중위 | 1.24 | 1.24 | 1.28 | 1.32 | 1.36 | 1.38 | 1.38 | 1.38 |
| | 고위 | 1.24 | 1.38 | 1.50 | 1.57 | 1.62 | 1.64 | 1.64 | 1.64 |
| | 저위 | 1.24 | 1.10 | 1.07 | 1.07 | 1.10 | 1.12 | 1.12 | 1.12 |

자료: 통계청(2018).

[그림 2-3] 합계출산율 시나리오

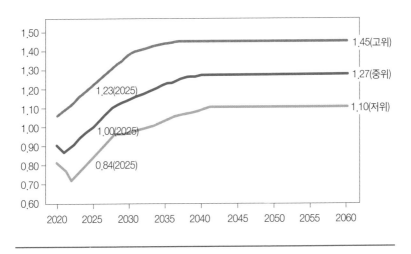

자료: 저출산고령화위원회(2020). 4차 기본 계획(안).

　지금까지 논의된 내용을 4차 기본 계획에 투사해 평가해 보면, 여전히 근시안적 미완의 정책임을 알 수 있다. 근본적인 한계는 1, 2, 3차 계

[그림 2-4] 연도별 출생아 수 및 합계출산율

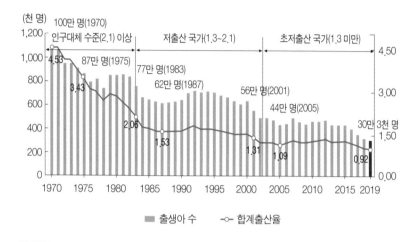

자료: 저출산고령화위원회(2020), 원자료: 통계청(2020).

획과 크게 다르지 않다. 특히, 3차 기본 계획과도 차별성이 없는데 고용, 주거, 교육 등 여전히 사회구조적 여건 변화를 체계적으로 반영하지 못하고 있다. 결국, 저출산 관련 사업을 외형적으로 현금성 지원과 서비스 지원으로 구분한 정도에 불과하다. 얼핏 보아도, 정부는 무엇이 문제인지 모르는 상태에서 지속적으로 기본 계획만 작성하고 있다고 해도 크게 틀리지 않다. 즉, 정부가 사회 문제(agenda)를 정확히 인식하지 못한 상태에서 목표(목적) 달성을 위한 대안(수단)을 추진해 본들 성과를 낼 수 없는 구조이다. 이는 이른바 3종 오류를 범하고 있는 것인데, 이미 설명한

2021년 합계출산율 중위 수준 기준인 변곡점(0.86)에서 상승은커녕 이를 유지하는 것조차 불가능에 가깝다.

4차 기본 계획에 따르면, 저출산 관련 예산은 '함께 일하고 함께 돌보는 사회 조성'(1번), '모두의 역량이 고루 발휘되는 사회'(3번)에 혼재되어 있다. 저출산 관련 예산은 위 1번 사업으로 판단할 수 있다. 4차 기본 계획에서 1번 예산(저출산 관련)을 20년 예산을 33.3조 원으로 공시하고 있어 3차 기본 계획의 22.4조 원과는 상당한 괴리가 있다.

## 재원만 지출하는 중앙정부의 저출산 정책

다수의 중앙부처가 저출산 고령사회 기본 계획에 기초하여 저출산 사업을 추진한다. 아쉬운 점은 결과지향이 아닌 투입지향적 재정지출이라 할 수 있다. 따라서 성과는 담보할 수 없는 구조이다. 재정지출과 그 성과는 별개의 문제이다. 미국은 2010년 GPRAMA([표 2-12] 참고)에 범부처 사업관리를 구체화하고 있다(Moynihan and Beazley, 2016). 미국과 같이, 저출산 관련 재정지출은 범부처(cross-agency) 재정지출(예산)로 예산편성과 성과관리(성과평가)가 이루어져야 한다. 미국과 달리 우리 정부는 투입지향적 예산에만 관심이 있을 뿐 성과관리(성과평가)는 관심 밖의 영역이다.

## [표 2-8] 저출산 관련 예산 규모

(단위: 조 원)

| 제1차 기본 계획(2006~2010) | | | | | | 제2차 기본 계획(2011~2015) | | | | | |
|---|---|---|---|---|---|---|---|---|---|---|---|
| 계 | 2006 | 2007 | 2008 | 2009 | 2010 | 계 | 2011 | 2012 | 2013 | 2014 | 2015 |
| 19.7 | 2.1 | 3.1 | 3.8 | 4.8 | 5.9 | 60.5 | 7.4 | 11 | 13.5 | 13.9 | 14.7 |
| 제3차 기본 계획(2016~2020) | | | | | | 제4차 기본 계획(2021~2025) | | | | | |
| 계 | 2016 | 2017 | 2018 | 2019 | 2020 | 계 | 2021 | 2022 | 2023 | 2024 | 2025 |
| 108.4 | 20.5 | 21.7 | 21.8 | 22 | 22.4 (33.3)* | 195.8 | 36.4 | 38.7 | 38.5 | 39.8 | 42.4 |

자료: 보건복지부, 1·2·3차 저출산 고령사회 기본 계획 및 4차 기본 계획(안)에서 발췌.

저출산 예산은 범부처 재정지출임에도 불구하고 개별 중앙부처가 성과 계획서와 성과보고서를 각각 작성하고 있다. 저출산 관련 재정지출의 성과평가는 한국보건사회연구원이 관장하고 있는데, 형식적이다. 왜냐 하면 통상 성과평가는 산출·결과 지표에 근간을 두지만, 저출산 정책은 투입지표에 가깝기 때문이다. 결국 성과는 없고, 저조한 합계산출율 지표만 남게 된다. 이는 메인 컨트롤 기능을 하는 부처가 부재한 탓도 있 다. 저출산 대응 예산을 살펴보면, 대다수 보건복지부 사업이고, 여성가 족부 사업은 거의 없다. 여성가족부의 기능 중 일부는 고용노동부의 기 능도 있고, 보건복지부의 기능도 있어 유사 중복사업으로 판단된다. 여 성가족부는 저출산 대응과 직접적인 관련이 있음에도 지나치게 소극적 이라 평가할 수 있다(표 2-9) 참고). 여성가족부의 기능을 면밀히 검토하고, 폐지도 검토할 필요가 있다.

　이제 제3차 저출산 고령사회 기본 계획에 기초하여 관련 사업(기능 등)을 분석해 본다(대응기반 강화는 참고로만 제시, 4차 기본 계획(안) 수준임을 고려). 제3차 저출산·고령사회 기본 계획에 기초한 2016년 예산 규모는 35.3조 원(저출산 관련 예산, 20.5조 원)으로 전년 대비 1.9조 원(5.7%) 증가하였으며, 부처별로는 보건복지부가 20.6조 원으로 가장 많고 교육부(9.0조 원), 국토부(2.4조 원), 고용부(1.7조 원) 등 4개 중앙부처가 전체 예산의 95.5%를 차지하고 있다. 아쉽게도 여성가족부는 겨우 청소년 관련 사업만 추진하고 있다. 여성가족부가 지나치게 양성평등, 인권만 중시하는 것은 아닌지 의문이 든다(표 2-9) 참고). 이제 가장 많은 재정이 투입되는 보건복지부와 일부의 기능만 담당하는 여성가족부의 저출산 관련 재정 지출(사업)을 살펴본다(표 2-10) 참고).

[표 2-9] 저출산 대책(목표 및 과제 / 사업 추진 중앙부처)

### 청년 일자리 · 주거대책 강화

1. 청년고용 활성화

   노동개혁을 통한 고용창출력과 일자리의 질 제고: 고용부

   민간의 청년 일자리 창출 노력 적극 지원: 고용부

   청년 해외 취업 촉진 및 해외+일자리 영토 확대: 고용부

   주된 일자리로서의 중소기업 매력도 제고: 고용부/국토부/중기청/기재부/교육부

   청년의 기술창업 활성화: 고용부/중기청

   교육과 고용과의 연결고리 강화: 교육부/고용부/중기청

   청년이 체감할 수 있는 고용지원 인프라 확충: 고용부

2. 신혼부부 등 주거 지원 강화

   청년 · 예비부부 주거 지원 강화: 국토부

   학생부부의 주거 여건 개선: 교육부

   신혼부부의 주택 마련자금 지원 강화: 국토부

   신혼부부 맞춤형 임대주택 공급 대폭 확대: 국토부

### 난임 등 출생에 대한 사회적 책임 강화

1. 임신 · 출산 사회책임시스템 구축

   임신 · 출산 의료비 대폭 경감(행복출산패키지): 복지부

   안전한 분만 환경 조성: 복지부

   난임부부 종합 지원 체계 구축: 복지부

   산모 · 신생아 지원 확대: 복지부

   임신 · 출산에 대한 사회적 배려 강화: 복지부

   여성건강 증진 강화: 복지부

   결혼 · 출산친화적 세제 개선: 기재부

2. 다양한 가족에 대한 포용성 제고

   한부모 가족 지원 체계 강화: 여가부

   비혼 · 동거가족에 대한 사회 · 제도적 차별 개선: 법무부

   포용적 가족관 형성: 법무부/여가부/복지부

   다문화 가족의 안정적 정착을 위한 맞춤형 서비스 확대: 여가부/교육부

   다문화 가족 자녀의 건강한 성장 및 글로벌 인재 육성: 여가부

   입양가족 양육 지원 확대: 복지부

[표 2-9] 계속

3. 아동이 행복하고 안전한 여건 조성
  아동이 행복한 사회: 복지부/여가부/문체부
  아동이 안전한 사회: 복지부/안전처

## 맞춤형 돌봄 확대 · 교육 개혁

1. 맞춤형 보육
  수요자 맞춤형 보육 체계로 개편: 복지부
  안심하고 믿을 수 있는 보육 · 유아교육: 복지부/고용부/교육부
  보육 · 돌봄 사각지대 해소: 교육부/국방부

2. 돌봄 지원 체계 강화
  초등학생 돌봄 수요 대응 체계 강화: 교육부
  지역 사회 내 돌봄 여건 확충: 복지부/여가부
  아이돌봄서비스 확충 및 내실화: 여가부

3. 교육개혁 추진
  적성 · 능력 중심으로 전환을 위한 교육 · 고용 체계 개편: 교육부/고용부
  공교육의 역량 강화: 교육부
  사교육 부담 경감: 교육부
  대학등록금 부담 경감: 교육부

## 일 · 가정 양립 사각지대 해소

1. 일 · 가정 양립 실천 분위기 확산
  일 · 가정 양립 제도 이용권 보장: 고용부
  스마트 근로감독시스템 구축: 고용부
  일 · 가정 양립을 위한 가족친화적 기업 문화 확산: 여가부/고용부
  일 · 가정 양립이 가능한 근무 환경 조성: 고용부/인사처

2. 남성 · 중소기업 · 비정규직 등 일 · 가정 양립 실천 여건 강화
  중소기업 실천 여건 확충: 고용부
  비정규직에 대한 지원 강화: 고용부
  남성 육아참여 활성화: 고용부
  일 · 가정 양립 지원 제도 활성화
  육아휴직 후 직장복귀 지원프로그램 확대: 고용부
  육아기 근로시간 단축 활성화: 고용부
  전환형 시간선택제 일자리 활성화: 고용부
  육아휴직 보편화를 위한 중장기 제도 개편 방안 검토: 고용부

## [표 2-10] 보건복지부 · 여성가족부 저출산 분야 지출 규모

(단위: 억 원)

| 저출산 분야(보건복지부) | 79,007 | |
|---|---|---|
| 임신 · 출산 의료비 대폭 경감 (행복출산패키지) | 비예산 | 초음파, 1인실, 제왕절개 무통주사 건강보험 적용 |
| 임신 · 출산의료비 대폭 경감(여성 장애인 대상 임신 출산 진료비 지원 범위 확대) | 17 | 출산(유산 · 사산 포함)시 태아 1인 기준 1백만 원 |
| 안전한 분만 환경 조성 | 254 | 고위험 산모 의료지원 확대, 마더세이프 프로그램 운영 |
| 난임부부 종합지원 체계 구축 | 925 | 체외수정시술(기초수급 100건, 일반 40,515건), 인공수정시술(일반 35,000건) 지원 |
| 산모 · 신생아 지원 확대 | 516 | 산모 · 신생아 건강관리 지원(2015. 전국 가구 월평균 소득 65% 이하→ 2016. 기준중위 소득 80% 이하) |
| 임신 · 출산에 대한 사회적 배려 강화 | 0.5 | 임산부 엠블럼 제작 · 배포, 임산부 배려 캠페인 |
| 여성건강 증진 강화 | 345 | 만 12세 여아 자궁경부암 예방접종(228천 명, 2회 접종) |
| 저소득층 영아 대상 기저귀 · 분유 지원 | 431 | 지원단가 인상(기저귀 월 32천 원→64천 원, 조제분유 월 43천 원→86천 원) |
| 입양가족 양육 지원 확대 | 272 | 입양아동 양육수당 지원 대상 연령 확대 (2015. 만 15세 미만 월 15만 원→2016. 만 16세 미만 월 15만 원) |
| 아동이 행복한 사회 | 944 | 퇴소아동 자립 지원 체계화, 아동친화도시 인증 확산, 영양플러스 지원 확대, 드림스타트 사업 활성화 |
| 아동이 안전한 사회 | 4,595 | 아동 · 청소년 정신건강관리 강화, 아동 안전교육 강화, 아동학대 예방, 보호 체계 강화 |
| 수요자 맞춤형 보육 체계로 개편 | 64,764 | 만 0-2세(752천 명, 29,634억 원), 시간연장형(51천 명, 406억 원) |
| 안심하고 믿을 수 있는 보육 · 유아교육 | 2,595 | 국공립 · 공공형 · 직장어린이집 확충, 어린이집 평가 인증제도를 수요자 중심 의무평가제도로 전환, 부모에게 열린어린이집 운영 확산 정착 |
| 지역사회 내 돌봄 여건 확충 (지역아동센터 지원 강화) | 2,964 | 운영비 지원(4,113개소, 월 443만 원→월 458만 원) |

[표 2-10] 계속

(단위: 억 원)

| 대응 기반 강화 분야 소계 | 48 | |
|---|---|---|
| 사회 각 부문별 저출산 극복 운동 추진 | 5 | 지역사회 중심의 미혼남녀 만남 기회 확대 |
| 저출산 극복을 위한 인식개선 · 홍보 강화 | 27 | 적령기 결혼, 두 자녀 출산, 남성육아 참여 등 핵심 인식 개선 메시지에 대한 다각적 홍보 추진 |
| 인식 · 가치관 형성 교육 강화 | 13 | 인구교육 추진 지원 |
| 근거 중심 인구정책 추진 체계 구축 | 1 | 인구정책 통계 아카이브 구축을 위한 연구 실시 및 활용 방안 마련 |
| 인구영향평가제도 도입 추진 | 1 | 인구영향평가제 도입을 위한 모델 연구 |
| **저출산 분야 (여성가족부)** | **4,508** | |
| 한부모 가족 지원 체계 강화 | 1,003 | 아동양육비 지원(만 12세 미만 아동/월 10만 원) 추가아동양육비 지원(조손, 만 25세 이상 미혼 한부모/ 만 5세 이하/월 5만 원) |
| 포용적 가족관 형성(가족생활 교육 및 가족상담 서비스 내실화) | 166 | 다양한 가족에 대한 통합적인 가족지원 서비스 확대 |
| 다문화가족의 안정적 정착을 위한 맞춤형 서비스 확대 | 363 | 다문화가족 지원센터 운영 지원, 사례관리사 50명, 다문화 가족 생활지도사, 결혼이민자 멘토링, 한국어 교육 운영 |
| 다문화가족 자녀의 건강한 성장 및 글로벌 인재 육성 | 372 | 방문교육, 언어발달, 이중언어, 다문화 가족 자녀 성장 지원 등 |
| 청소년 활동 인프라 확충 | 826 | 청소년 수련시설 건립 및 기능 보강: 102개소 |
| 청소년 활동 지원 | 68 | 청소년 동아리 활동 지원: 1,460개(각100만 원) → 2,100개(각 125만 원) |
| 청소년 방과 후 아카데미 운영 내실화 | 380 | 대상: (2015년) 초등 4학년~중 2학년 → (2016년) 초등 4학년 ~중 3학년 운영 개소 수: (2015년) 244개소 → (2016년) 250개소 |
| 공동육아 나눔터 | 21 | 공동육아 나눔터 52개소 운영 |
| 아이돌봄서비스 확충 및 내실화 | 1,296 | (2015년) 5.6만 가구 → (2016년) 5.7만 가구 |
| 일 · 가정 양립을 위한 가족친화적 기업 문화 확산 | 13 | 가족친화인증기업 · 기관 확대 및 사후관리: (2015) 1,363개사 → (2016) 1,800개사(목표) |
| **대응 기반 강화 분야 소계** | **64** | |
| 범교육적 양성평등 교육 | 64 | 교육인원: (2015년) 72,611명 → (2016년) 72,850명(목표) |
| 고비용 결혼문화 개선 ( '작은 결혼식' 확산) | 0.5 | 작은 결혼식 홍보 동영상 제작 · 보급 |

자료: 제3차 저출산 · 고령사회 기본 계획, 중앙부처 시행계획, pp. 30~34.

# 재원을 단순 집행만 하는 지방자치단체 저출산 정책

지방자치단체는 중앙정부의 저출산 정책 과제를 단순히 집행하는 구조이다. 즉, 중앙부처(보건복지부, 고용노동부 등)의 저출산 대책(사업)을 단순히 집행만 한다. 간혹 개별 지방자치단체는 자치단체 고유의 저출산 정책을 추진하기도 한다. 일부 지방자치단체의 경우, 출산장려금 등을 지급하기도 한다(예, 개별 지방자치단체마다 다르지만 첫아이 100만 원, 둘째 아이 300만 원 등). 중앙정부와 마찬가지로 지방자치단체도 재정지출에 초점을 맞추기 십상이다. 따라서 지방자치단체의 경우에도 저출산 관련 부서(메인 컨트롤 국 또는 과) 신설을 고려할 필요가 있다. 흥미로운 사례를 하나 제시하면, 2015년 11월 서울시가 청년수당정책을 발표하자 보건복지부가 반대에 나섰다(성남시의 경우도 동일). 중앙부처는 지방자치단체의 정책 저지 수단으로「지방교부세법」시행령 개정을 통해 "중앙정부가 반대하는 사회보장제도를 신설하면 지방교부세를 삭감할 수 있도록" 규정하기도 했다. 이는 완전히 중앙집권적 재정구조에서 비롯된 잘못된 발상이다.

# '거버넌스 부재 또는 실패' 극복부터

협력적 거버넌스 관점에서 저출산 기조에서 탈출하기 위한 장기 실행 대안을 마련해 추진해야 한다. 현행 저출산 정책은 중앙정부 차원의 범부처 사업(저출산·고령화위원회) 형태이지만, 실제 정책은 투입지향적 재정지출 방식을 취하고 있다. 아울러 중앙부처의 위계적 / 관료제적 기제이다. 또한 지방자치단체는 개별 정부부처의 저출산 정책(사업)과 연계하여 개별 단위부서(실 또는 과)가 단순히 저출산 정책을 재정집행(지출 일변도)으로 때우는 구조이다. 일부 지방자치단체의 경우, 중앙부처와

[표 2-11] 분절적 거버넌스에서 협력적 거버넌스 체계로

| | | 초점 | 지향 | 기법 |
|---|---|---|---|---|
| 현행 | 중앙 | - 정부 주도(위원회) 저출산 정책 추진 | - 중앙정부의 일방적 개입<br>- 투입지향적 저출산 정책 | 위계적 · 관료제적 기제<br>(분절적 거버넌스) |
| | 지방 | - 중앙과 연계, 수동적 집행<br>- 중앙과 별개로(관계없는) 저출산 정책 추진 | - 저출산 정책 단순집행<br>- 현금지원정책(출산장려금 등) | |
| | | ⇩ | ⇩ | ⇩ |
| 거버넌스 관점 | | 상호 협력적 대응 및 관리 | 중앙, 지방정부 간 파트너십 | 협력적 거버넌스 |
| | | 메인 컨트롤 타워 기능(공통) | - 범부처 사업관리(중앙)<br>- 지출효율화(공통) | - 저출산 정책 재구조화(중앙)<br>- 중앙 · 지방 역할 명확화(공통) |

자료: 저자 작성.

별개로(목표와 동떨어진) 저출산 정책을 펼치기도 하는데, 단순 현금성 위주의 정책을 펼치고 있다. 함축하면, 저출산·고령화위원회는 저출산 정책 관련 거버넌스(국가 전략) 부재 상황에서 예산만 확보하고, 개별 중앙부처는 경쟁적으로 부처 사업과 연계하여 예산 확보 및 재정지출에 주안을 둔다. 저출산고령화위원회와 정부는 예산만 늘리고 있고, 중앙부처는 어떠한 전략으로 저출산에 대응(선택)해야 할지도 모른 채 난제(wicked problem)에 직면하게 된 것이다. 지방자치단체도 이와 별반 다르지 않으며, 지방자치단체장들은 매표행위로 저출산 정책을 펼치고 있다. 큰 틀에서 보면 국가의 저출산 대응 정책은 전략이 부재해 고장난 나침반에 의존하고 있다고 해도 과언이 아니다.

[표 2-11]에서 설명하고 있듯이, 저출산을 극복하기 위해 중앙정부의 부처 간, 중앙정부와 지방자치단체 간 분절적 거버넌스 체계에서 협력적 거버넌스 체계로 전환할 필요가 있다. 이제 협력적 거버넌스 수단에 초점을 맞추어야 한다.


## '메인 컨트롤 타워' 기능 부처 신설


저출산·고령화 위원회의 위원장은 대통령이다. 대체로 정부가 범하고 있는 큰 오류는 별반 실효성도 없는 위원회를 신설하여 사업을 추진하면서 정책의 내·외적 정당성을 추구하는 것이다. 또한 위원회가 잘 작동이 되지 않는다고 비판받게 되면 직제상 위원장의 직급을 격상시키게 된다. 정부 위원회가 있다고 해서 정책이 잘 작동되는 것이 아니고, 대통령이 위원장이라고 해서 그 위원회가 작동되는 것도 아니라는 것을 우리는 적지 않은 경험을 통해 배웠다. 유사한 예를 들어 보면, 지방재정 부담 논란이 가시화되자 '지방재정부담심의위원회'의 위원장을 국무총리로 격상한 것이다. 그렇지만 위원장만 격상된 것에 불과할 뿐 잘 작동하는지 여부와는 거리가 멀다. 문제의 핵심은 컨트롤 타워 기능의 부재에서 비롯된 것인데, 위원장만 격상되었다. 이러한 맥락에서 저출산 관련 정책과 예산을 총괄하는 조직 신설을 고려해야 한다(조직 신설이 불가하다면, 예산편성 및 성과평가에 초점을 맞추어야 한다). 2019년 기준, 12개 중앙부처가 분절적으로 수행하는 저출산 분야 사업(예, 기획재정부: 세제 개선, 지출효율화; 교육부: 보육·유아 교육; 보건복지부: 임신·출산 등)을 관리하고 있다.

저출산 대응 '메인 컨트롤 타워' 기능 부처의 신설 역시 고려해야 한다. 저출산 대응 주무부처로 (가칭)아동가족부 신설도 고려할 수 있다. 대안으로 여성가족부를 폐지하거나(여성가족부를 폐지하고, 그 기능은 고용부 등 이관 후 '아동가족부' 신설) 또는 여성가족부의 기능 조정 후 '아동가족부'로 부처명을 변경(현재 여성가족부의 기능의 일부는 고용노동부와 보건복지부로 이관)하는 것이다. 아동가족부 신설을 고려한다면 고용-결혼-출산-보육까지 총망라한 저출산 정책을 추진하게 해야 한다.

여성가족부의 일부 기능 개편(폐지)과 함께 '아동가족부' 신설을 제안한다. 그간 여성가족부는 '저출산' 정책에 소극적이었는데, 이제 '저출산 정책'에서 '가족정책'으로 탈바꿈함과 동시에 가족정책 주무부처로 자리매김해야 한다. 대안으로 여성가족부의 기능 중 고용 관련 소수집단 우대정책(affirmative action)은 고용노동부로, 나머지 기능은 보건복지부로 이관하여 폐지하고, 저출산 주무부처로서 아동가족부를 신설하는 것이다. 즉, 하나의 부처가 저출산 정책을 체계적으로 수립·관리(평가)할 필요가 있다.

소수집단 우대정책은 대통령 직속 평등고용위원회를 설치한 케네디 행정부의 행정명령 'Executive Order 10925'로부터 구체화되기 시작하였으며, 소수집단, 인종, 성, 장애 등을 이유로 고용의 차별을 방지하기 위한 실천운동이다.

현재와 같은 개별 중앙부처의 투입지향적 사업위주의 저출산 정책은 성과를 내기 어려운 구조이며, 오히려 부처 간 할거주의를 더 심화시킨다. 이미 설명한 바와 같이 여성가족부의 기능은 분명하지도 않고 저

〈여성가족부의 태생 과정〉

　1982년 제2정무장관실로 직제 개편되면서 여성 관련 정책을 다루기 시작한다. 1997년(15대 대선), 3당 대선후보의 공통공약이 여성부 설치였다. 1998년 김대중 정부 출범과 동시에 대통령령에 의해 제2정무장관실을 폐지하고, 대통령 직속 특별위원회 '여성특별위원회'로 신설되었다. 인력과 예산의 한계에 다다르자, 2001년 각 부처에 분산된 여성 관련 업무를 일괄 관리하여 '여성부'로 승격하여, 보건복지부의 가정폭력·성폭력 피해자 보호, 성매매 방지 등과 노동부의 여성의 집 사무 등을 넘겨받았다.

　2004년 6월 12일 보건복지부로부터 영·유아 보육 업무를 이관받았다. 2005년, 노무현 정부에 들어 '여성가족부'로 개편되었다. 이후 2008년(이명박 정부), '여성부'로 다시 환원되면서 가족·보육 업무를 보건복지가족부로 이관했다.

　그러나 2010년에는 보건복지가족부의 청소년·가족 업무를 이관받고, 다문화가족과 건강가정사업을 위한 아동 업무만 여성부로 이관되어 다시 '여성가족부'로 변경되었다. 이명박 전 대통령은 당선인 시절부터 여성가족부 폐지를 주장하였으나 끝내 실행하지 못했다(나무위키).

　저자가 찾아본 바에 의하면, 정부 조직도에 '여성가족부'가 편제된 국가는 없었다.

출산 대응 정책도 거의 없다.

　이러한 추세는 저출산 대응과 관련하여 여성가족부의 소극적인 행태와 무관하지 않다. 여성가족부의 기능을 살펴보면 사회복지 기능과 고용 관련 소수집단 우대정책, 청소년 등으로 대별된다. 미국 등에 비추어 볼 때 여성가족부의 소수집단 우대정책은 고용노동부의 소관이며, 사회복지 기능은 보건복지부의 기능이라 판단된다. 국제적으로 여성가족부가 존재하는 국가가 있을까? 중앙부처 단위로 여성가족부가 편제되어 있는 국가는 존재하지 않는다. 따라서 여성가족부는 아동 및 가족 관련 중심 부처로 새롭게 개편되어야 마땅할 것이다.

일본의 경우, 중앙정부에 '저출산 담당 대신(장관)'을 직제에 편제하여 저출산 문제에 대응하고 있으며, 대부분 지방자치단체가 '미래아동부'를 편제하여 저출산 문제에 대응하고 있다. 특히, 지방자치단체에서는 저출산 극복을 위해 만남·결혼, 임신·출산, 보육 등 3단계로 구분하여 관리한다(일본, 니가타시 내부 자료).


## 범부처 사업관리와 지출효율화가 우선


범부처 사업관리와 지출효율화가 우선적으로 고려될 필요가 있다. 현재는 저출산 기본 계획에 기초하여 개별 중앙부처가 예산을 집행(투입)하는 것에 급급하다. 그렇다보니 그 성과 달성은 제한적일 수밖에 없다. 따라서 예산편성은 물론 성과관리를 범부처 단위로 조정할 필요가 있다. 미국은 「지출승인법」(appropriate act)에 기초해 범부처 통합예산을 편성하고, 「성과평가 개정법」(GPRAMA 2010)에 기초해 범부처 사업관리를 하고 있다. 동일한 목적의 프로그램(사업)을 다수 부처가 수행한다고 가정하면 「지출승인법」에 이를 구체적으로 명시하여 협력하도록 거버넌스 체계가 구비되어 있다. 또한 범부처 사업관리(성과평가)에 관해서도 명확하게 규정하고 있다. 즉, 2010 GPRAMA에 범부처(우리나라의 경우, 저출산 및 일자리사업 등) 사업을 관리하도록 하고 있다.

정부는 제한된 예산의 지출을 전제하기 때문에 지출효율화는 필수적이다. 3차 기본 계획은 개별 부처별 또는 개별 중앙부처의 다른 사업과 중복되어 있다(예, 일자리사업 등). 4차 기본 계획도 이와 별반 다르지 않다. 즉, 저출산 기본 계획(특히, 여성가족부와 보건복지부 등)에 기초하면, 저출산 관련 예산이 여타 계획(사업)과 유사·중복되어 있다. 따라서 유사·중복을 점검한 뒤 지출효율화(재정 여력 확보)를 추진해야 한다. 유사·중복, 투입지향적 저출산 관련 재정지출은 의미 없는 재정지출에 불과할 뿐이다.

현재와 같은 사업구조로는 저출산 관련 정책의 효과를 담보하기 힘들다. 예산편성은 개별 중앙부처 소관이며, 결산은 기획재정부 소관이다. 우리나라의 경우 저출산 관련 사업은 범부처 사업이지만 개별 중앙부처가 그 예산을 편성하고 지출한다. 우리나라는 미국과 달리 예산법률주의가 아니어서 「지출승인법」(재정지출을 법으로 구체화)은 다소 제약

[표 2-12] 미국 연방정부 성과주의 예산관리 기제

| 법률 | 요구 조건 |
|---|---|
| Government Performance and Results Act(GPRA) (1993~2010) | 연방기관이 제출해야 할 보고서는 다음과 같음<br>• 중기재정계획(Five-year strategic plans, 우리나라의 국가재정운용계획)<br>• 연간 성과보고서<br>• 연간 성과계획서 |
| Program Assessment Rating Tool(PART, 폐지) (2002~2008) | • 개별 정부 프로그램에 적용되는 설문 및 평가<br>• 목적 및 설계, 전략 계획, 관리 및 결과에 따라 등급이 매겨진 프로그램<br>• 프로그램은 '비효율'에서 '효율'로 구분 |
| GPRA Modernization Act (GPRAMA) (2010~현재) | 이 법에 따라 GPRA 전략계획 및 성과보고서는 유지<br>• 연방기관 대표자는 우선순위가 높은 목표 달성 노력<br>• 연방기관은 범부처 간 우선순위 협력<br>• 중요 목표는 매 분기마다 공무원 보고·검토, 목표별 특정 목표 지도자 지정<br>• 개별 연방기관에 최고운영책임자와 성과개선 담당자 편제<br>• 중앙정부 웹사이트에 성과정보 추적(www.performance.gov).<br>• OMB는 연방기관의 성과 검토, 목표 미달성 시 개선조치 가능 |

자료: Moynihan and Beazley(2016), p. 146.

이 있다고 하더라도 미국의 지출승인법 형태(범부처 예산관리)로 관리될 필요가 있다. 그 대안이 바로 메인 컨트롤 기능 부처(또는 기획재정부)가 통합예산, 통합 성과계획서 및 성과보고서를 작성하여 성과를 체계적으로 관리하는 것이다.

재정지출은 지출효율화 관점에서 면밀히 검토해야 한다. 지출효율화는 불필요한 사업 등의 예산을 감축하여 재정 여력(fiscal space)을 확보하는 것이다. 우리나라의 경우, 지출구조 조정(예, spending review)이 가능하지 않은 구조이다. 장기적 안목으로 지출효율화가 가능한 예산구조로 개편할 필요가 있고, 증세도 고려할 필요가 있다. 일본의 경우 국민적 합의를 통해 저출산 관련 대응 차원의 증세를 추진했다(소비세 3%→ 5% →8%→ 10%).

일본의 저출산 관련 대책의 변천에 관해 간략히 소개하면 다음과 같다(前田正子, 2019). 첫째, 전후 인구 증가가 문제시되자 1973년까지 해외로 이민송출을 했다. 둘째, 1970년대 초반 단카이 주니어의 등장(제2차 베이비 붐)과 세계인구회의 영향으로 인구 억제 노선을 유지했다.

단카이(団塊)주니어는 1차 베이비 붐(1947~1948년, 단카이 세대) 세대가 결혼하여 2차 베이비 붐(1971~1974) 시기에 출생한 자들을 지칭한다.

셋째, 1980년대에 전문가 사이에서 저출산이 문제라는 논의가 진행되었으나, 일시적 현상이라 낙관적으로 인식했다. 즉, 결혼과 출산은 미루는 것에 불과, 언젠가는 대다수의 여성이 결혼해서 출산할 거라 예상한 것이다. 저출산 문제를 낙관적으로 인식한 것이다. 넷째, 1989년 합계출산율 1.57쇼크를 인식했지만 버블경기로 심각한 사태라는 위기로 전혀 인식하지 않았다. 위기감이 전혀 없었다. 단카이 주니어가 언젠가 제3차 베이비 붐을 일으킬 거라고 기대했다. 다섯째, 1995년부터 '엔젤 플

일본에서 '저출산 사회'라는 단어는 1992년 『국민생활백서』에서 처음 등장했다. 그 후 2년이 지난 1994년 저출산 대책의 기본 방침이 세워졌는데, 이것이 바로 '금후 자녀 양육지원을 위한 정책의 기본 방향(엔젤 플랜)'이다. 일본의 엔젤 플랜을 눈여겨 볼 필요가 있다.

### 〈저출산의 원인과 배경〉

- 부부와 가정의 문제가 아니라 국가(지방자치단체 포함)와 기업이 함께 풀어야 할 문제
- 만혼화 경향으로 젊은 층의 미혼율 증가
- 여성이 일과 육아를 병행하기 쉽기 않음(일·가정 양립 제한)
- 자녀육양에 심리적, 육체적 부담을 느낌
- 교육비 등 자녀 양육비 증가도 저출산을 초래한 원인 중 하나

### 〈자녀 양육 지원을 위한 기본 방향〉

- 육아휴직제도의 충실한 이행, 노동시간 단축 등의 고용 환경 정비
- 핵가족화로 인한 육아에 대한 고립감과 불안감을 막아줘야 함
- 자녀 양육에 대한 불안감 해소를 위한 지역사회와 연대해 풍요로운 인간성 함양
- 자녀 양육에 따른 가계의 부담을 덜어주고 사회 전체의 지원방안을 강구

랜'으로 보육소 정비를 시작하였는데, 전전(戰前)의 "아이를 낳아라, 인구를 늘려라"처럼 느껴지지 않도록 아이를 낳은 후 시책 중심으로 개편했다.

여섯째, 2000년 우리말로 돌봄에 해당하는 개호보험 도입에 가려져 저출산 대책이 지연되었다. 2003년 내각부에 저출산 담당 대신을 설치했지만 독자적 예산은 없었고, 아동관계 시책은 후생노동성 소관이었다. 일곱째, 보육소 대기아동 대책 추진에 더해 전업주부에 대한 보육 지원을 시작했다. 여덟째, 보육휴업제도 확충 등 정규직 근로자에 대한 일-가정 양립 지원을 확충했다. 따라서 비정규직 근로자는 이용이 불가했다. 아홉째, 미혼 증가의 배경에는 청년층의 고용 문제가 있었으나 거의 대응책이 없어 무방비 상태에 노출되었고, 청년의 취업은 자기책임이라는 생각이 팽배해져 1990년대부터 취업 빙하기가 시작되었다. 2003년에는 1/4 대학생이 아르바이트 또는 무직으로 졸업했고, 청년층이 안정된 직장(고용)을 갖지 못해 미혼율이 상승했다. 인구가 많았던 단카이 주니어가 고용 시장에서 포스트 단카이 주니어(1970년대~1980년대 중반에 태어난 청년)를 직격했다. 열 번째, 2015년 '아동보육지원 신제도' 도입으로 국가예산을 확대하고, '사회보장·세금의 일체개혁'에서 '아동·보육'은 사회보장 분야의 하나로 자리매김되었다. '사회보장·세금의 일체개혁'은 사회보장 3분야(연금·의료·개호)를 말한다. 여기에 '아동·보육'이 추가되어 사회보장 4분야로 자리매김한 것이다.

아동 관련 시책을 추진하기 위해 재원 확보가 관건이었는데, 신제도 도입에 따른 필요 예산은 1조 엔 정도였다. 우선 아동 관련 7,000억 엔

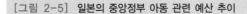

## [그림 2-5] 일본의 중앙정부 아동 관련 예산 추이

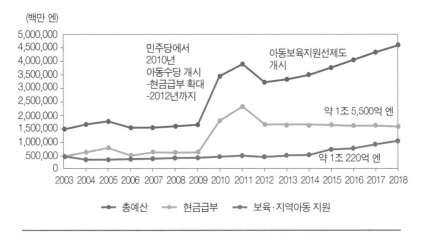

주: 1) 『저출산사회대책백서』 각 연도에서 시산(현금급부는 아동수당과 아동부양수당, 현물서비스에는 보육운영비와 지역아동지원·방과 후 아동육성 등 산입).
2) 2016년도부터는 기업주도형 보육이 시작되나, 이는 현물서비스에 미산입.
3) 총액에는 모자보건과 아동양호 및 지하철역 등에 설치된 배리어프리처럼 직접적으로는 아동과 관계없는 시책 포함.
자료: 前田正子(2019).

을 투입하여 신제도를 시행했고, 부족분 3,000억 엔은 기업에서 거출금 증액으로 보충('교육보육급부'에 이용)했다. 2018년도부터 후생연금 보험료에 단계적으로 통합했고, 2014년 4월 소비세를 8%로 인상했고, 이후 10%로 추가 인상하는 등의 수순을 밟았다. 우리나라의 부가가치세에 해당하는 소비세를 기존 5%에서 8%로 인상하였고, 2019년 10월, 10%로 인상했다. 8% 소비세를 기준으로, 중앙의 몫은 6.3%, 지방의 몫은 1.7%로 이를 백분율로 환산해 보면 중앙과 지방의 소비세 배분 비율은 78.75 : 21.25 구조이다. 우리나라와 달리 소비세는 징세지 기준을 적용한다.

이와 더불어 아동 관련 시책을 다양화하였는데 다음과 같다. 첫째, 1990년대 전반 '아동복지'(보육 및 아동양호 등)와 '모자보건'(건강한 아이 출산·양육, 모자수첩·유아검진 등)을 중심으로 추진했다. 둘째, 1990년대부터 저출산을 사회 문제로 인식하여 보육소 확대, '조치'에서 '요구에 근거한 이용자 시설'로 변화했다. 셋째, 2000년대부터 재택 보육 지원 등 요구에 대응한 시책이 전개됨에 따라 보육 지원 메뉴가 확대되어 유니버설 서비스화가 되었다.

함축하면, 일본은 시행착오를 겪었지만, 저출산 대응에 관한 문제를 정확하게 인식했고, 사회적 합의를 통한 증세를 추진했다. 이러한 일본의 대응은 우리 정부에 주는 함의가 크다. 우리나라와 흡사한 일본의 사례를 잘 분석하여 우리 실정에 맞게 잘 적용한다면 적어도 현재 합계출산율을 유지(급격한 하락은 막을 수 있음)할 수 있을 것이다.


## 저출산 정책의 재구조화

이제 단순 외국 제도의 모방적 동형화를 뛰어넘어 우리 현실에 부합되는 저출산 정책을 추진해야 한다. 이를 위해 전통적인 인식에서 벗어나 사회구조적 원인을 정확하게 파악한 뒤 저출산 정책을 추진해야 한다. 비혼문화도 대안으로 고려할 필요가 있다. 아울러 성과 달성을 위해 현장실험도 병행해야 한다.

현재와 같이 중앙정부가 재정을 투입하고 지방자치단체가 수동적으로(지방비 부담도 하지만) 사업을 추진하는 방식은 성과를 내기 어렵다. 아울러 국가는 지방자치단체가 추진하고 있는 일부 복지성 사업을 구태여 저지해서는 안 된다. 즉, 중앙-지방자치단체 간 협력적 거버넌스를 지향해야 한다. 일본의 경우, 지방자치단체가 중앙정부의 저출산 정책 중에서 선별해 추진할 수 있고, 반대로 중앙정부가 지방자치단체의 저출산 정책의 효과성이 입증되면, 이를 모범 사례(best practice)로 정해 전 지방자치단체에 확산하기도 한다.

저출산의 늪에서 탈출하기 위한 패러다임의 변화가 절실하다. 정부는 저출산을 사회적 문제로 인식하여 기본 계획을 작성해 대응하고 있다는 일종의 내·외적 정당성만을 추구해서는 안 된다. 정부가 정당성만 추구할 경우, 저출산 대응 정책은 이미 작동될 수 없는 구조적 한계에 놓이게 된다. 즉, 이제까지의 저출산 대응 정책은 명확한 문제 인식은 물론 사회적 합의가 부재한 상황에서 기본 계획을 수립하고 재정만 투입한 것에 불과하다. 저출산의 근본 원인이 여성의 경제적 독립과 개인주의 이데올로기 확산, 경제적 불안정 등에 관한 것인데, 이에 관해 면밀한 검토가 이루어지지 않았다.

　프랑스와 스웨덴을 모방한 우리의 저출산 정책은 일면 타당한 듯하지만 우리와 사회·문화 구조가 다르기 때문에 그대로 적용해서는 안 된다. 예를 들어, 혼외출산, 외국인 이민수용도 고려해 보아야 한다. 혼외출산은 과거 '동방예의지국' 등 전통적 유교 관점에서 볼 때 상당한 괴리가 있다. 이제 유교적 관점에 매몰되어서는 안 된다. 문화의 차이로 인식할 것이 아니라 이제 비혼문화도 받아들어야 할 때이다. 최근 일본인 방송인 사유리가 세간의 화제가 되었다. 왜냐하면 정자를 기증받아 아이를 출산했기 때문이다. 이러한 행태가 우리 국민(내국인)이었더라면 우리 정부는 이를 어떻게 받아들였을까 하는 의구심이 들기도 했지만 또 다른 숙제로 남겨진 셈이다.

　1999년 프랑스는 전통적인 결혼 체계가 아닌 중간 형태의 시민연대협약(Pacte civil de solidarite)을 도입했다. 즉, 결혼과 단순동거의 중간 형태에 해당하는 시민연대계약(PACS)은 '68 혁명' 이후 기성문화에 도전하는 젊은 세대의 일탈욕구와 성 소수자들의 인정욕구를 반영한 것이다. 시민연대협약은 결혼과 유사하게 사회·경제적 혜택이 주어지지만 그 비용은 결혼보다 훨씬 적게 들기 때문에 크게 대중화되었다. 그렇다고 해서 우리의 기성 결혼문화를 깨뜨리자는 의미는 아니다. 근본적으로는 저출산 정책을 추진하되, 이러한 정책도 고려할 필요가 있다는 것이다. 다만, 시대가 많이 변화되었다고 하더라도 다소 거부감이 있는 것은 사실이다. 아울러 지식층의 이민 수용도 적극적으로 고려해야 한다. 그렇다고 해서 무분별한 외국인 이민 수용은 재고의 여지가 크다. 왜냐하면 무분별한 이민 수용은 사회재정 등(예, 건강 보험 등)과 직결되기 때문이다. 다른 예로 최저임금제가 도입되자 외국인 근로자가 가장 큰 수혜자가 되기도 했다.

　　OECD 국가 중 우리나라와 사회·문화 구조도 유사하고, 비혼출산 규모도 비슷한 일본은 저출산의 늪에서 점차 극복하고 있다. 그 과정에서 다양한 한계가 노출되었지만 저출산 극복을 위해 여러 정책을 시도했다. 대표적으로 국가와 지방자치단체가 저출산 대응 부서(저출산 담당 대신, 미래아동부)를 신설하였으며, 보육 관련 사업을 추진하였다. 그렇다면 적어도 대안적 해법으로 일본 정부의 노력은 배워야 하지 않겠는가? 일본의 합계출산율은 1999년 1.3으로 하락한 이래 2008년에 다시 1.4로 증가하여 유지하고 있다. 적어도 프랑스와 스웨덴의 모델보다는 더 잘 작동될 가능성이 높다.

# 국가와 지방자치단체의 역할 구분

중앙정부와 지방자치단체의 역할 구분과 인식의 대전환이 요구된다. 저출산 문제는 국가의 근간이자 사회적 책임임을 천명하고 사회적 합의와 적절한 대처가 필요하다. 지금까지는 '저출산 정책'이었다면 이제 '가족정책'으로 탈바꿈할 필요가 있다. 저출산 문제를 해결하기 위해 잘 짜인 가족정책이 필요하다. 재정만 투입한다고 해서 그 문제가 해결되는 것은 아니다. 중앙부처 관료들의 인식 가운데 가장 큰 병폐는 재정(보조금사업 등)으로 사회 문제를 해결할 수 있다는 매너리즘에 빠져 있다는 것이다. 그도 그럴 것이, 중앙부처 관료는 국고보조금 사업을 개인의 고유사무로 인식해 그 자리를 연명하고 있기 때문이다. 이러한 행태가 부처 간 할거주의를 부추기고, 근본적인 저출산 문제 해결에 오히려 장애물로 작용하고 있다.

## (1) 중앙정부

저출산 문제는 고용·보육·교육 등 사회 구조적 문제에서 해결책을 다시 찾아야 한다. 문제의 본질을 정확하게 인지하고 정책을 수립하여 실행해야 한다. 또한 저출산의 늪에서 탈출하려면 현재와 같이 개별 중앙부처가 분절적 투입지향적 사업 행태에서 벗어나야 한다. 왜냐하면 개별 중앙부처가 사업을 수행한다는 것은 재정지출만을 의미하기 때문이다. 이미 설명한 바와 같이 저출산 관련 컨트롤 타워 기능 부처를 신설하고, 개별 부처에 산재된 저출산 관련 정책 사업을 메인 컨트롤 기능 부처에 통·폐합할 필요가 있다.

우리나라 저출산 대응 정책의 가장 큰 문제는 구체적인 목표가 부재한 상태에서 기본 계획을 수립하고 그 계획에 따라 중앙부처와 지방자치단체가 수동적으로 사업을 수행한 것이다(재정만 투입, 거버넌스 부재). 따라서 저출산 대응이라는 명확한 문제 정의가 요구되며, '저출산 대응 정책'에서 '가족정책'으로 인식의 대전환이 필요하다. '2021년부터 시행되고 있는 4차 기본 계획은 패러다임의 혁신적 대전환이 요구된다. 발표된 4차 기본 계획(안)은 전략을 구체화하는 등 근본적인 수정이 필요하다.

첫째, 문제의 핵심은 컨트롤 타워 기능 부재에서 비롯되었기 때문에 저출산 관련 정책과 예산을 총괄하는 부처가 지정되어야 한다. '여성가족부'의 일부 기능 개편을 통해 '아동가족부' 신설을 제안한다. 둘째, 저출산 관련 정책의 목표 달성을 위해 범부처 사업관리를 제안한다. 즉, 미국의 「지출승인법」 형태(범부처 예산관리)로 관리하고, 메인 컨트롤 부처(또는 기획재정부)가 통합예산, 통합성과계획서 및 통합성과보고서를 작성하여 성과관리를 해야 한다. 아울러 지출효율화를 통한 재정 여력을 확보함은 물론 재정지출의 효과를 극대화해야 한다. 셋째, 저출산 정책을 재구조화해야 한다. '넛지' 등 정책실험(field experiment)을 통해 다양한 시뮬레이션과 비혼문화 등과 관련된 정책도 고려해야 한다.

중앙정부와 지방자치단체의 명확한 역할 구분과 인식의 대전환이 요구된다. 저출산 문제는 국가의 책임임을 천명하고 사회투자로 인식하여 적절한 대처가 필요하다. 그 외에도 사회·문화 등 구조적 문제에서 해결책을 찾아야 한다. 저출산을 대재앙으로 인식하고 장기적 관점에서 지속 가능한 정책을 추진해야 한다. 임기응변식의 처방은 재정만 낭비한다. 정책목표 달성은 재정투입만으로 달성되지 않고 정책수혜자가 정책에 직·간접적으로 순응할 때 비로소 달성된다. 최근 저출산 문제에 대응하기 위한 일부 사례에서 저출산 특별회계 도입을 주장하고 있다(2020년 한국보건사회연구원 연구과제). 그러나 고민이 필요한 점은 일반회계에서 특별회계로 바뀐다고 해서 무엇이 달라지는가? 저자의 견해로는 재정투입 방식(일반회계, 특별회계)의 문제가 아니다. 특별회계를 신설한다고 해서 별반 달라질게 없다. 왜냐하면 저출산 문제는 거버넌스 부재에서 비롯되었기 때문이다.

우리는 이미 저출산 통제 불능 지점에 도달했다. 미래를 내다보고, 좀 더 나은 방향을 찾는 것 외에 달리 방법이 없다. 저출산 늪에서 탈출하기 위한 지난하고도 먼 여행을 떠나야 할 시점이다.

## 〈첫째 아이가 태어나면 5천만 원 지급: 허경영(국민혁명당 후보)〉

이미 오래전부터 대선 출마 공약으로 출산하면 1억 원을, 2022년 대선 출마 공약에서는 출산하면 5천만 원을 주겠다고 한 것이다. 이러한 주장은 우리나라에만 있는 것은 아니다. 전혀 설득력이 없고, 허무맹랑한 주장이라 치부할 수도 있겠지만, 합리적 고민을 안겨 주고 있음은 사실이다. [표 2-6]에 제시된 2021년 저출산 예산은 36.4조 원이다. 현재와 같이 어느 전달 체계를 거쳐 저출산 정책을 할 것이 아니라 출생아에게 일정 금액을 분할지급한다면 현재의 예산으로도 큰 문제가 없을 것으로 판단된다. 2020년 기준, 저출산 예산을 33.3조 원 지출했고, 27만 2,400명이 출생했다.

## 〈첫째 아이가 태어나면 1,000만 엔(한화 1억 원 정도) 지급: 일본 도시카와 다카오〉

자녀 양육에 경제적 부담을 느끼는 젊은 세대에게 부담을 일식시키기 위해 돈을 직접 지급하면 되지 않을까? 라는 간단한 발상이다. 단카이 세대, 정치 저널리스트인 도시카와 다카오의 주장이다. 주장의 요지는 고령자는 우대받고, 젊은 세대는 사회보장에 대한 부담을 강요당하고 있다고 역설하면서, 프랑스와 같이 '국가가 아이를 양육한다' 이념을 가지고 대담한 행동을 주문했다.

구체적인 대안으로, 첫째 아이를 낳으면 1,000만 엔을 지급한다는 것으로, 이를 실행하면 매년 50만 명의 신생아가 증가하여 저출산이 해소될 수 있다고 단언했다. 이러한 주장에 혹자들은 "현실성이 없다", "선심성 정책을 장려하는 거냐?"는 비판도 있었지만, 결혼과 양육의 당사자인 젊은 세대들은 찬성의 목소리가 나왔다. 다만, 다른 용도(도박 등)로 활용되지 못하도록 해야 하고, 지급금이 자녀를 위한 서비스 제공에 활용될 수 있도록 해야 한다는 것이다. 이를 위해 지급금을 분할지급하거나, 무료로 보육서비스를 제공해야 하고, 프랑스의 경우와 같이 보육비에서부터 대학 학비까지 국가가 부담해 주는 것이 보다 현실성 있는 대안이라고 보았다. 또 다른 의견으로는 프랑스(원래 경건한 가톨릭 국가였지만 극적 전환으로 미혼모도 인정)와 같이 "미혼모라도 좋으니 아이를 낳아 달라, 구별하거나 차별하지 않겠다."라는 선언도 필요하다는 것이다.

전 후생노동성 관료였던 마스다 마사노부는 다양한 찬성과 반대의견을 모두 수렴해 "현재의 예산 규모를 생각하면 실현하기 어려운 일이겠지만, 현 제도에서 교육비 부담을 경감하는 일은 가능하다. 예를 들면, 저소득자의 학자금 상환면제처럼 사회적 합의를 쉽게 이끌어 낼 수 있는 형태는 고려해 볼 수 있을 것이다."라고 정리했다.

또한 중앙정부가 개별 지방자치단체의 저출산 대책에 대해 관여해서는 안 된다. 일례로 일본의 아동 분야를 설명하면 다음과 같다. 첫째, 국고보조사업과 지방 단독사업이 있으나, 지방자치단체가 독자적으로 추진하는 사업이 적지 않다. 둘째, 국고보조사업에 관해서는 국가 기준으로 실시가 불가능할 경우 지방자치단체의 초과부담이 발생하기도 한다. 셋째, 지방자치단체마다 지방의 실정을 반영한 저출산 정책을 추진하고 있다(간혹 서비스 격차 발생). 넷째, 지방자치단체의 선진 사례를 국가가 받아 들여 시범사업을 실시한 후, 전국적으로 확산한 경우도 적지 않다(예, 보육 컨시어지, 모임광장 등)(前田正子, 2019).

현행 중앙부처 사업방식(재정지출)은 방향성을 다시 설정해야 한다.

일본, '창생회의' 산하 인구 감소 문제 검토 분과회가 제시한 아홉 가지 오해는 다음과 같다.

1. 50년 100년 뒤 먼 이야기인가?
2. 인구과밀 상태 해소해 주니 바람직한 현상인가?
3. 지방의 문제일 뿐 대도시는 안전한가?
4. 전체 인구가 줄어든다면 대도시에 인구가 집중되어 생산력이 증대될 것인가?
5. 출산율 개선이 되고 있으니 인구 감소가 멈출 것인가? (우리의 경우, 타당하지 않은 것으로 판단)
6. 손을 쓸 수 없을 만큼 너무 늦어버린 것인가?
7. 정책으로 출산율 좌우 불가능한 것인가?
8. 육아 지원이 충분한 지방에서조차 출산율이 향상 안 되는 것인가?
9. 외국에서 이민을 받아들이면 인구 문제 해결되지 않을 것인가?

합계출산율을 높이기 위해 '개인별 바우처 방식(매년 연금 형식)' 또는 '출생시 일정 금액 지급방식'도 고려할 필요가 있다. 현재 엄청난 저출산 예산이 투입됨에도 불구하고 실제 수혜자의 혜택은 그리 크지 않기 때문이다. 원초적으로는 저출산 관련 문제 정의에 관한 오류(3종 오류)는 없는지 면밀한 검토가 필요하다. 최고의 출산장려책은 좋은 일자리(고용-결혼-출산이기 때문), 임신·육아·보육의 연계, 대학까지 의무교육 등 다양한 대안을 모색해야 한다. 그 대안적 해법으로 정부 기구(예, 청와대 대통령실)에 영국의 BIT(Behavioural Insights Team)와 유사한 기구를 설치하여 다양한 정책실험을 통한 대안 도출이 필요해 보인다. 아울러 저출산은 지방 소멸, 재정분권과 직결되는 문제이니만큼 일본의 '창생회의' 산하 인구 감소 문제 검토분과회의 문제인식을 공유할 필요가 있다.

### (2) 지방자치단체

일반적으로 개별 지방자치단체(243개)는 중앙부처의 사업을 추진하기도 하지만 이에 더해 각양각색의 저출산 정책을 추진하고 있다. 출산장려금 등의 현금지원정책이 바로 그 예이다. 중앙정부의 저출산 정책을 수동적으로 추진하면서 지방정부가 저출산과 관련하여 자기의 색깔을 내려고 한다. 하지만 지방정부 차원에서 시행되는 일부 대책은 근시안적 대안에 머물 가능성이 높다. 따라서 저출산 관련 부서를 신설하여 체계적인 관리가 필요하다.

인구 소멸(지방 소멸) 추세는 거스를 수 없는 자명한 현실임을 인식해야 한다. 지방정부의 절반 이상(173개)이 재정자립도 30% 이하인 상태이다(2021년 당초 예산 기준). 이러한 상황에 놓인 지방자치단체가 저출산 정책 수행을 명분으로 재정을 투입한다는 것은 어불성설이다. 저출산 정책은 중앙정부가 주된 역할이 되어야 하고, 지방정부는 지역밀착형, 보완적(현지성) 역할 개념으로 접근해야 한다. 그렇다고 해서 중앙정부는 재정력이 건실한 지방자치단체(예, 서울 등)의 저출산 대응책을 구태여 제한할 필요까지는 없다. 일본의 경우, 지방자치단체는 '보육시설'은 물론 '보육교사' 정책에 심혈을 기울이고 있다.

1차, 2차, 3차 기본 계획에 기초하여 재정을 투입하고도 합계출산율이 지속적으로 감소된 것은 단지 재정만 지출하였을 뿐 성과는 도외시한 결과이다. 이는 단지 외국의 저출산 대응제도를 모방하여 우리 정부에 이식한 것과 관련이 크다(모방적 동형화). 즉, 프랑스와 스웨덴의 보육 중심의 저출산 정책이 우리나라에 적합할지에 대한 구체적인 검토 없이 성급하게 도입한 것이다. 우리나라는 근본적으로 사회·문화 구조가 다름에도 말이다(예, 비혼문화 인정). 이제 저출산 대응 정책을 원점에서 재검토할 필요성이 있다. 잘못 짠 계획에 따라 정책을 이행해 본 들 의미 있는 성과가 나오기란 어렵다. 아쉽게도 2020년 12월 4차 기본 계획(안)을 발표했으나, 기존의 기본 계획과 크게 다르지 않다.

# 3

## 저출산 늪에서 탈출하기

# 프랑스와 일본(나기쵸 마을)은 어찌했나

언론매체는 물론 다양한 연구보고서에서 인구 절벽 또는 인구 소멸 등 볼멘 기사를 흔히 접할 수 있다. 일찍이 국가 차원(지방자치단체 포함)에서 저출산을 심각한 사회 문제로 인식하고, 다양한 정책을 통해 저출산을 극복한 국가들이 적지 않다. 그중 프랑스와 일본(나기쵸 마을)이 성공한 사례에 속한다. 문제의 해답은 프랑스의 '충분한 재정 지원'과 나기쵸의 '진정한 육아복지'였다.

저출산 문제를 획기적으로 극복한 국가 중 하나가 바로 프랑스이다. 프랑스는 1995년에 합계출산율 최저치인 1.7을 기록하자, 커다란 위기로 인식해 대담한 정책을 펼친 것이다. 그 결과 2006년 합계출산율 2.0을 회복한 이래 지금도 2.0을 유지하고 있다. 그 이유는 또 다른 나라에 비해 프랑스는 충분한 재정을 지원하고 있다는 점이다. 예컨대, 20세가 되기까지 국가로부터 지원받을 수 있는 총액 규모는 우리나라 화폐로 환산해 보면 자녀 1인당 약 6,000만 원 정도 된다. 자녀가 많아질수록 재정 지원 규모가 커지는데, 2명이면 1억 9,000만 원 정도 되고, 3명이면 3억 9,000만 원 정도가 된다.

세부 지원 내용을 살펴보면 우리나라와는 너무 달라 놀라울 따름이다. 예를 들어, 임신을 하면(임신 7개월째) 923유로의 출생수당을 받게 된다(이하, 2013년 기준 금액). 일을 하면서 출산휴가를 얻는 경우에는 자신의 하루 급여 금액과 동일한 액수를 1일 최대 80유로까지 보상받을 수 있다. 만약 둘째 아이라면 16주, 셋째 아이는 26주 동안 지급받을 수 있다. 3세 미만의 자녀가 있는 가정은 매월 184유로의 기초수당도 받을 수 있다. 그 밖에도 출산 후 근무 형태에 따라 육아수당이 매월 지급되는데, 완전휴직, 50% 이하 근무, 50~80% 근무를 개인이 선택할 수 있다. 만약 기초수당을 받고 있는 경우라면, 그 액수만큼 육아수당에서 공제한다.

6~18세의 자녀에게는 360유로의 신학기 수당이 나온다. 이는 연령이 증가할수록 증액되는 구조이다. 이러한 지원을 통해 우선 첫째 아이 출산을 장려하는 것이다. 둘째 아이부터는 가족수당이 추가로 지급된다. 자녀가 늘면 국가로부터 받는 지원액도 점점 늘어난다. 첫째 아이는 6개월까지, 둘째 아이는 3세가 될 때까지 육아수당을 받을 수 있다. 셋째 아이부터는 아이가 1세가 될 때까지 완전휴직을 선택하면 매월 819유로를 받을 수 있다.

그 외에 아이를 맡기는 경우에도 충분한 재정 지원을 받을 수 있다. 보육수당은 소득이나 자녀의 연령에 따라 지급액이 정해져 있지만, 최소 86유로에서 최대 458유로이며, 보육비로 사용한 금액의 50%는 소득세 공제가 가능하다. 유아기의 보육비용은 모두 보조를 받는데다 3세 이상이 되면 대부분의 아이가 공립유치원에 들어갈 수 있고, 비용은 무료이다. 어린이집이 부족해 유치원을 찾지 못했을 때 '보육마마'를 이용할 수 있다. 보육마마는 120시간 연수교육을 받고 자택에서 아이 1~4명을 맡을 수 있는 제도로 부모와 직접 고용계약을 맺게 되며, 공적 보조를 받을 수 있으며, 세금공제도 가능하다. 고용주가 부담해야 할 사회보험료 또한 100% 면제된다. 급기야 어린이집도, 보육마마도 찾지 못했다면, 보모나 베이비시터(개인이 고용)를 활용할 수 있으며, 여기에 드는 비용도 보조를 받을 수 있다. 이렇듯 프랑스는 국가가 많은 보조를 해주기 때문에 수당을 보태면 보육료의 거의 전액을 충당할 수 있을 정도이다. 특히, 시간제 근무 또는 전업주부일 경우에도 아이를 맡길 수 있다(시간제 보육 등).

특히, 부모가 이혼을 했거나, 실직 상태에 있다고 하더라도 크게 리스크가 없다. 대개 부모가 경제적으로 불안정한 상태에서 아이를 낳는다는 것이 엄청난 리스크로 여겨지지만, 프랑스는 전혀 그렇게 인식하지 않는다는 것이다. 왜냐하면 아이들은 모두 평등하게 자랄 권리를 갖고 있기 때문이라는 국민적 합의가 이미 형성되어 있기 때문이다. 젊은 세대들이 이혼이나 실직 상태에 처하게 되더라도 계속해서 자녀 양육 지원을 받을 수 있다면, 흔히 생각하는 아이들 '양육비(교육비) 증가'와 '저임금'이라는 패러다임은 해소될 수 있을 것이다.

그런데 곰곰이 생각해 볼 점은 프랑스의 국민부담률은 우리나라

(2019년 27.4)의 2배가 넘는데, 그렇다면 개인 부담을 적어도 20%는 늘려야 한다. 이렇게 많은 개인 부담에 대한 국민의 합의가 가능할까? 생각이 깊어진다.

일본의 사례로 진정한 육아복지라는 정책목표를 행동으로 실천하는 곳이 있는데, 아주 조그만 시골 마을인 일본 오카야마현 나기쵸(奈義町)이다. 2020년 기준, 나기쵸의 인구는 5,600여 명이고, 고령화 비율은 34%로 매년 증가 추세에 있고, 통계수치로만 볼 때 인구 소멸 지방자치단체 896곳(2040년 기준) 중 하나이다. 나기쵸는 2002년 주민투표로 타 지역과는 합병하지 않기로 결정했다. 그 후 불행한 일이 시작되었는데, 고령화는 눈에 띌 만큼 증가했고, 아이 울음소리가 사라지기 시작한 것이다. 그런데 어떻게 일본에서 출산율 전국 1위가 되었을까? 그 답은 지방자치단체와 주민이 협력해 "모두가 행복하게 살 수 있는 마을 만들기"에 주력한 결과이다. 그중 가장 핵심은 "육아응원선언"이었다.

2005년 나기쵸 마을의 출산율은 1.41로 일본 전국 평균보다 낮았다. 하지만 2014년에 2.81로 전국 1위를 달성한 것이다. 지방자치단체는 육아 세대의 의견을 충분히 반영해 정책을 수립했고, 제한된 예산 가운데 육아 지원 비용을 계속 늘렸다. 일반회계예산 40억 엔 중에서 2015년 2%(8,700만 엔)에서 2016년 3%(1억 2,540만 엔)로 늘린 것이다. 예산 규모로 볼 때 고령 관련 정책의 예산보다 많다. 우리나라와 사뭇 다르다는 것을 알 수 있다.

우선 출산장려금을 비롯해, 주택육아지원수당, 고등학교 취학 지원, 예방접종 및 불임치료 보조금, 고등학교까지 의료비 전액을 지방자치단체가 부담한다. 이에 더해 주거 환경을 개선하고, 신축주택보급촉진사업 조성금을 사용하여 육아 세대들에게 주거비 30%를 지원해 주었다.

여기서 멈추지 않는다. 누구나 편안하게 육아 상담을 할 수 있도록 했고, 아이들이 맘 놓고 뛰어놀 수 있는 공간도 마련했으며, 폐업 주유소를 개·보수해 육아 중인 엄마들이 빈 시간에 일할 수 있는 거점센터(しごとコンビニ)를 마련했다. 이곳의 특징은 아이를 데리고 출근한다. 이곳에서 일하는 엄마들은 서로의 아이를 돌봐주면서 함께 일한다. 즉, 어른은 맘 편히 일하면서 서로의 고충을 듣고, 아이들은 부모의 보살핌 속에 책도 읽고, 장난감을 가지고 놀 수 있는 멋진 장소로 탈바꿈 한 것이다.

우리가 배워야 할 지점이 있다. 저출산 대책은 숫자놀음이 아니다. 따라서 한 가지 처방으로 문제를 해결할 수 없다. 이미 설명한 바와 같이 우리 정부도 많은 대책을 세우고 있지만 단순히 재정 지원에 초점을 맞추고 있을 뿐 당사자인 육아 세대의 눈높이를 맞추지 못하고 있다. 한때 우리 정부는 출산율과 여성을 하나의 공식으로 인식해 지방자치단체별로 출산율 지도를 만든 적도 있다. 여성이 출산 도구라는 부정적 인식이

자리하지 않도록 정부가 대안을 마련해야 한다. 일본의 사례가 적지 않은 방향성을 제시해 주고 있다.

우리나라도 과거 나기쵸 마을과 크게 다르지 않다. 적지 않은 기초 지방자치단체의 인구 소멸이 제법 진행되었고, 머지않아 절반 이상이 인구 소멸 지방자치단체에 해당된다는 것이다. 인구 6,000명도 채 되지 않는 작은 마을, 나기쵸는 지방자치단체와 지역 주민들이 아이들을 미래의 보물로 생각하고, 그들을 위해 제한된 예산마저 우선 지원하고 있다는 점이다. 아동은 미래 잠재성장력의 원동력임을 잊어서는 안 된다. 지금도 늦지 않았다. 새로운 발걸음을 떼어야 한다.

## 재원도 중요하지만 사회적 합의가 더 중요

사회적 합의 없이 재정만 지출한다고 문제가 해결되나? 이 근본적인 질문에 답할 수 있어야 한다. 프랑스의 경우, 인구 감소는 곧 국력 저하를 의미함은 물론 국가의 존망과 깊은 관련이 있다는 인식하에 저출산 정책을 추진했다. 일설에 따르면 1870년대 보불전쟁에서 독일에 패배했을 때 프랑스의 인구가 적어서 패배한 것은 아닐까? 하는 논의가 있었다고 한다. 프랑스는 20세기 초부터 출산장려정책을 펼쳤는데, 제1차 세계대전 때부터 '가족지원제도'를 시행했고, 문화 · 종교(가톨릭) 등의 영향을 받으면서 장기간에 걸쳐 출산장려제도를 구축해 왔다. 주목할 점은 '저출산 대책' 대신에 '가족정책' 개념을 활용한다. 다시 말해, 가족의 기능과 유대 강화를 주된 덕목으로 인식하고 있는 것이다. 아울러 가족 관련 정책을 결정하는 기구 또한 체계적이다. 수상이 의장을 맡는 '연차가족회의'를 매년 개최해 가족정책 방침을 발표하고, 이에 기초해 가족정책을 추진하고 있다. 우리나라의 경우, 여러 중앙부처에 저출산 관련 정책이 분산되어 있어, 기본 계획을 자세하게 살펴보아도, 저출산 예산의 규모조차 정확하게 파악할 수 없는 것과 사뭇 다르다. 따라서 예산과 권한을 과감하게 일원화할 필요가 있지 않을까? 메인 컨트롤 기능을 하는 부처의 설립을 강조하는 이유가 여기에 있다.

### ⑴ 결혼과 출산 분리

우리나라는 유교 전통의 영향을 받아 결혼과 출산을 동일선상에서 인식하고 있다. 어찌 보면 틀린 접근은 아니다. 외국의 경우는 결혼과 출산에 관해 어떻게 인식할까? 합계출산율이 2에 가까운 프랑스의 경우, 2018년 기준 혼외출산율은 60.4%(아이스란드 70.4%, 미국 39.4%, 우리나라는 2.2%)에 달한다. 즉, 비혼 관계에서 출산을 해도 국가가 책임을 지고 다양한 혜택을 제공하고 있다. 이에 관한 담론을 형성해 나가야 한다.

[표 3-1] 국가별 비혼 출산율 추이

(단위: %)

| 연도 | 1990 | 1995 | 2000 | 2005 | 2010 | 2015 | 2016 | 2017 | 2018 |
|---|---|---|---|---|---|---|---|---|---|
| 오스트레일리아 | 21.9 | 26.6 | 29.2 | 32.6 | 34.4 | 34.5 | 34 | 34.8 | 35.3 |
| 오스트리아 | 23.6 | 27.4 | 31.3 | 36.5 | 40.1 | 42.1 | 42.2 | 42 | 41.3 |
| 벨기에 | 11.6 | 17.3 | 28 | 39.4 | 45.7 | 48 | 49 | .. | .. |
| 캐나다 | .. | 30.5 | 31.7 | 29.1 | 32.3 | 35.6 | 33.9 | 33.5 | 33 |
| 칠레 | .. | .. | .. | .. | 68.5 | 71.5 | 72.7 | 73.7 | .. |
| 코스타리카 | 38.5 | 45.9 | 52.7 | 60.2 | 67.4 | 69 | 70.2 | 71 | 71.8 |
| 체코 | 8.6 | 15.6 | 21.8 | 31.7 | 40.3 | 47.8 | 48.6 | 49 | 48.5 |
| 덴마크 | 46.4 | 46.5 | 44.6 | 45.7 | 47.3 | 53.8 | 4 | 54.2 | 54.2 |
| 에스토니아 | 27.2 | 44.2 | 54.5 | 58.5 | 59.1 | 55.9 | 56.1 | 56.9 | 54.1 |
| 핀란드 | 5.2 | 33.1 | 39.2 | 40.4 | 41.1 | 44.3 | 44.9 | 44.8 | 44.6 |
| 프랑스 | .. | .. | 43.6 | 48.4 | 55 | 59.1 | 59.7 | 59.9 | 60.4 |
| 독일 | 15.3 | 16.1 | 23.4 | 29.2 | 33.3 | 35 | 35.5 | 34.7 | 33.9 |
| 그리스 | 2.2 | 3 | 4 | 5.1 | 7.3 | 8.8 | 9.4 | 10.3 | 11.1 |
| 헝가리 | 13.1 | 20.7 | 29 | 35 | 40.8 | 47.9 | 46.7 | 44.7 | 43.9 |
| 아이슬란드 | 55.2 | 60.9 | 65.2 | 65.7 | 64.3 | .. | 69.6 | 71.2 | 70.5 |
| 아일랜드 | 14.6 | 22.3 | 31.5 | 31.8 | 33.8 | 36.6 | 36.7 | 37.6 | 37.9 |
| 이스라엘 | .. | .. | .. | 5.5 | 5.8 | 6.6 | 6.8 | 7.5 | .. |
| 이탈리아 | 6.5 | 8.1 | 9.2 | 15.4 | 21.8 | 30 | 31.5 | 32.8 | 34 |
| 일본 | 1.1 | 1.2 | 1.6 | 2 | 2.1 | 2.3 | 2.3 | 2.2 | 2.3 |
| 한국 | 1 | 1.2 | 1.2 | 1.8 | 2.1 | 1.9 | 1.9 | 1.9 | 2.2 |
| 라트비아 | 16.9 | 29.9 | 40.4 | 44.7 | 44.4 | 41.5 | 40.9 | 40.4 | 39.5 |
| 리투아니아 | 7 | 12.8 | 22.6 | 28 | 25.7 | 27.7 | 27.4 | 26.7 | 26.4 |
| 룩셈부르크 | 12.8 | 13.1 | 21.9 | 27.2 | 34 | 38.8 | 40.7 | 40.8 | 39.5 |
| 멕시코 | 33.2 | 37.1 | 41.6 | 50.1 | 59.4 | 65.7 | 67.1 | 68.5 | 69.3 |
| 네덜란드 | 11.4 | 15.5 | 24.9 | 34.9 | 44.3 | 49.8 | 50.4 | 51 | 51.9 |
| 뉴질랜드 | 34 | 40.7 | 43.2 | 45.2 | 48.9 | 46.7 | 45.9 | 46.9 | 48.2 |

[표 3-1] 계속

(단위: %)

| 연도 | 1990 | 1995 | 2000 | 2005 | 2010 | 2015 | 2016 | 2017 | 2018 |
|---|---|---|---|---|---|---|---|---|---|
| 노르웨이 | 38.6 | 47.6 | 49.6 | 51.8 | 54.8 | 55.9 | 56.2 | 55.7 | 56.4 |
| 폴란드 | 6.2 | 9.5 | 12.1 | 18.5 | 20.6 | 24.6 | 25 | 24.1 | 26.4 |
| 포르투갈 | 14.7 | 18.6 | 22.2 | 30.7 | 41.3 | 50.7 | 52.8 | 54.9 | 55.9 |
| 슬로바키아 | 7.6 | 12.6 | 18.3 | 26 | 33 | 39.2 | 40.2 | 40.1 | 40 |
| 슬로베니아 | 24.5 | 29.8 | 37.1 | 46.7 | 55.7 | 57.9 | 58.6 | 57.5 | 57.7 |
| 스페인 | 9.6 | 11.1 | 17.7 | 26.5 | 35.5 | 44.5 | 45.9 | 46.8 | 47.3 |
| 스웨덴 | 47 | 53 | 55.3 | 55.4 | 54.2 | 54.7 | 54.9 | 54.5 | 54.5 |
| 스위스 | 6.1 | 6.8 | 10.7 | 13.7 | 18.6 | 22.9 | 24.2 | 25.2 | 25.7 |
| 터키 | .. | .. | .. | .. | 2.6 | 2.8 | 2.9 | 3 | 2.9 |
| 영국 | 27.9 | 33.5 | 39.5 | 42.9 | 46.9 | 47.9 | 47.7 | 48.2 | .. |
| 미국 | 28 | 32.2 | 33.2 | 36.9 | 40.8 | 40.3 | 39.8 | 39.8 | 39.6 |

주: Data extracted on 01 Sep 2021 15:16 UTC (GMT) from OECD.Stat.
자료: OECD, familiy database, Births outside of marriage (% of all births).

## (2) 이민정책

이민정책은 정부가 내국인과 외국인의 이출 및 이입을 관리함으로
써 인구이동의 양과 질을 통제하는 것이라 정의할 수 있다. 이민정책은
출입국 관리, 체류 관리, 국적 관리, 사회통합 등을 아우르는 종합대책
이다. 이민정책은 이입(우리나라로 들어오고)과 이출(반대로 나가는)을 포괄
하지만 본서에서는 이입정책에 주안을 두고 논의를 전개한다. 또한 이
민정책은 유입정책과 편입정책으로 구분할 수 있다. 유입정책은 이민자

를 받아들이는 과정을 관리하는 것으로 누구를 얼마나 어떤 방식으로 유입(유치)할 것인지를 다루는 것이다. 편입정책은 유입된 이민자를 수용국 사회에 편입시키는 방식을 의미하는데, 유입 대상을 정하거나 우선순위 부여, 이민자 수 쿼터제, 이민자의 특성에 점수를 부여하는 점수제 등이다. 유럽연합과 OECD 등 국제사회에서는 취업, 주거 및 교육서비스, 영주권 또는 국적 취득, 자국민 대상 반차별정책 등을 편입정책의 중요한 영역으로 본다.

국가마다 이민정책은 이민자 유입 배경과 역사에 따라 다른 양상을 보인다. 미국, 캐나다, 호주 등(전통적 이민국가)은 이민자에 의해 세워진 국가(국가 형성 초기)라 할 수 있다. 유럽연합 및 역내 국가는 국가가 세워진 이후 이민을 받아들였는데, 이동이 자유로운 특징이 있기도 하고, 노동력이 필요했기 때문이다.

전통적 이민 국가의 국가별 세부 이민정책을 알아보면, 비자정책을 통해 특정 분야의 전문성이나 기술을 보유한 인재의 취업을 촉진·유도하고 장기 거주를 장려한다. 미국은 H1-B비자를 통해 정보기술 전문가를 흡수하고 있고, 캐나다와 호주 등은 전문기술직 종사자들이 한시 취업 후 다양한 방식을 통해 영주권을 취득하도록 해준다. 특히, 호주는 과학기술 분야와 IT 분야의 석·박사 학위를 받은 이민자를 대상으로 영주이민 신청시 가산점(점수제)을 받을 수 있다.

유럽은 이민자들에 의해 국가가 수립된 전통적 이민 국가는 아니다. 하지만 과거부터 식민지 출신자가 유입되면서 다양한 종족 집단이 형성되었다. 특히, 서유럽 재건 과정에서 노동력 부족을 경험하면서 남유럽에서 서유럽으로 대거 인구이동이 이루어졌다. 스웨덴 등 북유럽 국가들이 역사적으로 펼치는 경제적 목적의 이민정책이 아니라 사회적 가치를 실현하는 수단으로 이민정책을 활용하고 있다. 독일, 영국, 프랑스 등 서유럽 국가의 경우는 유입 경로가 다양하다. 독일은 경제적 목적으로 대거 유입을 허용했으나 1970년대 경제상황이 악화되자 소극적인 유입정책으로 전환하였다가 2000년대부터 인구 구조의 변화와 노동력 부족을 이유로 다시 적극적 유입정책을 펼쳤다. 영국은 1990년대 노동당 정부의 개방적인 이민정책 추진 후 취업 또는 유학을 목적으로 하는 이민자 유입이 급증했다. 프랑스는 역사적으로 외국인 유입이 관대했지만 한시적 체류허가가 지배적이다.

한국, 일본, 대만 등의 국가는 유럽보다 늦게 이민을 받아들였고, 주로 단기 순환이주자나 결혼이주자를 많이 받아들였다. 대부분의 국가들이 경제적 목적의 고부가가치 인력 유입에 초점을 맞추고 있는데, 우리나라도 이러한 이민정책을 구사할 필요가 있어 보인다. 해외 이민정책을 벤치마킹하되, 우리나라의 특성과 배경을 고려해야 한다. 먼저 이민정책을 통합에 우선할 것인지(이민자 규모를 제한하고, 국민과 동등한 권리를 부여), 경제력(성장이나 노동력) 문제 해결을 목적으로 할 것인지에 관한 방향 설정이 무엇보다 중요하다. 특정 집단의 이익에 편중되지 않고 사회적 가치 실현이라는 담론과도 일치해야 함을 염두에 두고 방향 설정을 해야 한다.

유능한 인재 위주로 이민을 받아들인다면 기업의 성장에 기여할 것이고, 성장한 기업은 일자리를 창출할 것이다. 그러기 위해서는 과학/기술 분야의 인재에 대한 대우가 좋아야 한다(구글과 마이크로소프트 등 많은 미국 IT기업의 CEO는 인도 출신). 또한 유학을 통한 이민 유도, 취업을 통한 이민 유도 등을 고려할 수 있다. 다만 국내 젊은이들의 일자리는 어떻게 할 것인지도 논의가 필요하다.

# 4

어떤 대안을 추진해야 하나?

# 자녀양육 지원이 경제성장의 원동력

우선적으로 사회적 합의를 해 나가야 한다. 자녀양육 지원을 단순 비용으로 치부하는 대신, 미래세대를 위한 사회적 투자로 인식해야 한다. 자녀양육 지원의 확충이 모든 연령층에 이로움을 주기 때문이다. 왜냐하면 자녀양육 지원은 아동 빈곤을 줄일 수 있고, 부모의 빈곤(즉, 경제상황)이 아동의 생활 및 교육에 미치는 부정적 영향을 줄일 수 있다. 이러한 현상을 고려한다면 충분히 사회적 합의를 이룰 수 있다. 과거에 비해 빈부의 격차가 더욱 심화되었다. 소위 말해서 지방 학생이 인서울(서울 소재 대학)하기는 과거에 비해 무척 어려워졌다. 시쳇말로 개천에서 용이 날 수 없는 구조가 되었다. 예컨대, 로스쿨 제도의 면면만 봐도 부모의 부(富)가 자식에게 대물림되고 있다고 해도 과언이 아니다. 이와 같이 부가 대물림되듯, 지식 또한 대물림되고 있는데, 자녀양육 지원이 충분하지 않으면 저소득 가정에 태어난 자녀는 상대적으로 충분한 교육을 받기 어려운 구조가 된다. 결국 화이트 칼라(고임금 직업)가 아닌 블루 칼라(저임금 계층)로 남을 수밖에 없다는 것이다.

부모의 경제상황과 관계없이 아동이 일정한 수당을 받고, 대학 학비까지 모두 국비가 보조된다면, 세대의 수입이 증가(가처분소득의 증가)함은 물론 경제 전반에 안정화를 가져다준다. 또한 자녀양육 지원은 경제성장에 크게 기여할 수 있다. 다양한 보육서비스가 확충되면 부모가 맘 놓고 편히 일할 수 있어(노동인구 증가), 노동생산성이 증가되고, 이는 곧 경제성장의 원동력으로 이어지기 때문이다.

## 아이는 미래를 위한 사회적 투자다.

국민은 국가를 구성하는 주된 요소이자 근간이다. 사회적 투자는 인적자본에 대한 투자, 기회의 균등을 의미한다. 미래세대의 핵심인 아이를 어떻게 투자할지를 공동체 의식 관점에서 출발해야 한다. 핵심은 미래세대가 지금보다 더 행복할 것이라는 믿음을 바탕으로 해야 한다. 즉, 자식이 부모보다 더 나은 삶을 살 수 있다는 희망을 만들어 주어야 아이를 낳을 유인이 있다. 아이들은 미래의 희망이기 때문에 개인의 몫으로 치부해서는 안 되고, 장기적 시계에서 사회적 투자라는 인식의 전환이 필요하다. 이미 설명한 바와 같이, 프랑스는 부모가 양육비를 걱정해서 출산하지 못하는 현상은 그 어디에서도 찾아볼 수가 없다. 또한 부모의 이혼 및 실직의 경우에도, 아이의 보육에는 문제가 발생하지 않는다. 요람에서 무덤까지를 강조하는 것도 나름의 의미는 부여할 수 있다. 우선 아이를 임신해 출산, 보육 및 주거, 20세까지 소요되는 모든 비용은 물론 국가가 대학교육까지 책임을 져야 한다. 이 경우 재원의 문제가 있을 것이라는 섣부른 판단을 할 수 있는데, 현행 저출산 예산만으로도 충분히 가능하다. 현재와 같이 개별 부처 위주의 지출 일변도에서 효율적 지출로의 변화만으로 가능하다. 즉, 재원조달의 문제는 없다.

또 다른 재원조달과 관련한 논의를 해 보면, 이미 설명한 '가족정책'의 핵심은 보육과 교육을 합친 개념이라 할 수 있다. 즉, 우리나라의 교육은 유치원~중등교육(고등학교), 고등교육(대학교)을 의미하지만, 가족정책은 기존의 전통적인 교육뿐만 아니라 유아교육 및 보육(early childhood education and care: ECEC)이 합친 개념이 되어야 한다는 것이다.

[표 4-1]에서 알 수 있듯이 2019년 기준 교육예산 규모는 86조 9,669억 원이며, 매년 증가하고 있다. 지방교육재정교부금(교육비 특별회계)은 학령인구 감소와 관련 없이 국가로부터 내국세의 20.79%를 이전받는다.

**[표 4-1] 지방교육재정교부금 중 이월 및 불용 규모**

| 항목 구분 | 2015 | 2016 | 2017 | 2018 | 2019 | 2015~2019 |
|---|---|---|---|---|---|---|
| 교육예산현액 | 620,219 | 656,972 | 721,644 | 783,426 | 869,669 | 3,651,930 |
| 이월 및 불용 | 54,240 | 56,553 | 65,530 | 67,300 | 65,658 | 309,281 |
| 이월 | 37,329 | 39,000 | 46,055 | 48,858 | 47,598 | 218,840 |
| 불용 | 16,910 | 17,552 | 19,474 | 18,441 | 18,059 | 90,436 |

자료: 교육재정알리미 홈페이지.

특이한 점은 매년 이월 및 불용액 규모가 늘어나고 있다. 2015년부터 2019년까지 이월 및 불용 예산 규모는 30조 9,281억 원에 달한다. 5년간 이월액 규모는 21조 8,840억 원이고, 불용액 규모는 9조 436억 원이다. 최근 정부는 이월과 불용이 발행한 만큼 교육재정교부금을 삭감한다는 정책을 추진할 계획이다. 하지만 이렇게 할 경우 지방교육청은 그렇지 않아도 돈을 비효율적으로 쓰고 있는데, 이에 더해 불필요한 곳에 더 많은 예산을 쓰라고 종용하는 것이나 마찬가지이다. 이 대신 이월과 불용예산을 보육예산으로 활용할 수 있도록 하는 제도적 장치를 마련하는 것이 어떨까 싶다.

## 기득권 하나(특히, 고용)는 내려놓아야 …

기득권을 가진 집단은 기성세대라 할 수 있고, 대부분 정규직으로 일하고 있다. IMF 이전에는 비정규직 자체가 없었다. 금융 위기를 계기로 비정규직 문제가 확산되었다. 기성세대도 비정규직으로 근무하지만 청년세대가 비정규직으로 근무하는 비율이 훨씬 많다. 그러지 않아도 비정규직 문제가 심화되고 있는데, 4차 산업혁명 가속화로 인해 기존의 일자리조차 급속히 사라지고 있다. 그래서 '기득권 내려놓기'가 필요하다. n포세대라는 신조어가 등장했다. 그만큼 삶이 팍팍하다는 것이다. 기성세대가 젊은 세대를 위해 무언가 하나는 양보해야 한다. 그것이 바로 고용의 문제이다. "젊은 세대 ≠ 좋은 직장, 젊은 세대 = 비정규직"과 같은 사회구조적 문제를 해결해야 적어도 저출산 문제 해결을 위한 실마리를 찾을 수 있다. 그런데도 정부는 노령층을 위한 정년연장이라는 카드를 자꾸만 만지작거리고 있다. 정년연장을 고려하고 있는 이유도 충분히 이해하고 있지만, 그보다 먼저 청년세대가 안정된 직장을 갖도록 해야 하지 않을까? 무언가는 양보해야 한다면, 고용이 먼저일 것이다. 청년세대에게 "정규직, 비정규직 차이가 없다"라는 황당무계한 이야기를 늘어 놓을텐가?

## 고령세대 재정지출에서 젊은 세대 재정지출로

고령화는 시대적 난제가 되고 있다. 그 가운데 젊음 세대를 지원해야 할 유인도 커졌다. OECD 국가 중 우리나라는 고령화 추세가 가장 가파르다. 고령화 진전에 따른 재정지출은 갈수록 커질 수밖에 없는데, 게다가 매번 정부가 바뀔 때마다 관련 재정지출을 늘려간다. 기초노령연금 등 대선 공약 등을 보면 고령화 관련 재정지출이 계속적으로 늘어난다(문재인 정부 들어 기초노령연금 월 30만 원으로 증액). 문제는 노령연금지출 등의 지속적인 인상이 경제성장으로 이어지는지가 관건이다. 노동생산성 등을 고려해 볼 때 간단한 수치적 계산만으로도 노령층에 대한 재정지출은 경제성장에 그리 긍정적이지 않음을 알 수 있다. 일종의 포퓰리즘 정책에 불과하다. 아동 등 자녀양육 지원에 비해 고령자에 한정된 재정지원 규모가 훨씬 많이 증가했다. 정부는 한정된 재원으로 국가를 운영해야 한다. 즉, 재정지출 규모는 한정되어 있다는 것이다. 따라서 고령층 재정지출을 늘릴 것이 아니라 오히려 젊은 세대에게 재정 지원을 확충해야 한다. 그렇게 하려면 노령연금 지출 등을 줄어야만 한다. 2020년 기준, 기초노령연금 지급액 규모는 5조 4,000억 원에 달한다. 노령화가 진전되면 이는 기하급수적으로 증가할 수밖에 없다. 기초노령연금 수급자 가운데 생계급여 수급자는 최소한의 생활을 보장하는 방향으로 유지하되, 현행 노령연금수급 기준을 개편할 필요가 있다.

노령연금 수급자격은 국적과 나이, 소득인정액을 기준으로 산정해 지급 여부를 판단한다. 수급연령은 만 65세 이상이며 소득인정액이 기준 이하(상위 30% 제외한 나머지)이어야 한다. 소득평가액과 재산의 월 소득환산액을 합산(소득: 근로, 사업, 임대, 연금; 재산: 부동산, 자동차, 보험, 펀드 등)하여 계산한다.

현행처럼 기초노령연금지급 기준을 활용한다고 가정하더라도, 소

[표 4-2] 노령연금지급 기준의 변천

| 연도 | 2017 | 2018 | 2019 | 2020 | 2021 |
|------|------|------|------|------|------|
| 단독가구 | 119만 원 | 131만 원 | 137만 원 | 148만 원 | 169만 원 |
| 부부가구 | 190.4만 원 | 209.6만 원 | 219.2만 원 | 236.8만 원 | 270.4만 원 |

득 및 재산 등을 고려해 연금과세 방안을 모색할 필요가 있다. 즉, 일정 기준을 초과하는 수혜자의 경우 기초노령연금의 1/2 또는 1/3을 과세하는 방법이다. 고가 주택을 소유하고 있는 수혜자에게도 감액해야 한다. 설령 자산은 소유하지 않더라도(자녀에게 상속한 결과), 저축액이 많은 계층은 지급하지 않는 방안도 고려해 볼 수 있다. 즉, 이자 등의 소득이 노령연금지급 기준을 초과한 경우에 해당될 것이다. 또 다르게 생각해 볼수 있는 대안은 소득과 재산을 단순하게 계산해 국민생활 최저액(national minimum) 기준을 정하고 이에 해당하는 수혜 계층에게만 지급하는 방안을 고려할 필요가 있다.


## 부자 대상 과세 재원은 젊은 세대를 위한 재원으로


부자 과세 재원을 젊은 세대를 위한 재원으로 활용할 필요가 있다.

그러나 부자 대상 과세를 늘려 나갈 수 있을까? 특히, 자산 담보 대출, 낮은 자본이득세, 조세회피처[1]로 인한 난맥상을 해결해야 한다. 미국의 경우, 1950년대 아이젠하워 정부 때 최고 소득세율이 91%까지 올랐다가, 1980년대까지 70%까지 내렸다. 그러나 레이건 집권 8년 만에 최고소득세율은 28%까지 감소했다. 그 이후 클린턴과 부시 정부는 자본이득세를 인하하는 등 투자자를 위한 각종 세제 혜택들을 부여했고, 트럼프 정부는 최고 소득세율 및 법인세 인하에 이어, 퇴임 직전에 사모펀드 등의 조세회피를 도와주는 조세법 시행령을 개정했다.

우리나라는 최상위 부자나 대기업들은 일련의 감세에 더해, 조세회피를 가능하게 하는 허점들을 이용하고 있다. 첫째, 과세되지 않는 자산을 이용한 대출이다. 재산 증식은 주식 등 자산 가격의 상승에서 발생하는데, 이 자산은 매각하지 않는 이상 과세되지 않는다. 이들 최상위 부자들은 자신들의 자산을 담보로 대출을 받아 사용하고, 이자 비용이나 원금 상환 등을 세금공제를 받는다. 아마존의 베이조스 등이 이런 방법으로 연방소득세를 한 푼도 내지 않는 동안 자산은 천문학적으로 불어났다. 둘째, 소득세보다 낮은 자본이득세 활용이다. 미국에서 소득은 37%까지 과세되는 반면, 자본이득세는 20%다. 자본이득세의 적용은 이

---

1 눈덩이처럼 불어도 세금 안 내는 … 부자들 자산에 과세 성공할까(한겨레, 2021. 6. 22).

른바 '수수료 면제' 형식이다. 셋째, 조세 회피만 정당화된다. 2020년 민주당 대선 후보 경선에 출마한 워런 상원의원은 주크만 등의 2016년 보고서에 근거해 부유세를 제안했고, 샌더스 상원의원은 억만장자들에게 부동산세를 최고 77%까지 과세하자고 제안했으며, 오카시오코르테즈 하원의원은 1천만 달러 이상 소득에 70% 세금을 주장했다.

이런 논의는 바이든 행정부가 출범하자 일련의 증세 조처로 이어졌다. 부부 합산 50만 달러, 개인 45만 달러 이상 소득에 적용되는 최고 소득세율은 37%에서 39.6%로, 대기업의 법인세 최고 세율은 21%에서 28%로 올리는 증세안을 발표했다. 또 보유한 자산의 자본이득이 100만 달러 이상인 개인에 대해 자본이득세를 20%에서 39.6%로 대폭 올렸다. 아울러 다국적 대기업들이 조세회피처로 이익을 빼돌리는 조세 회피를 막기위한 글로벌 최저법인세도 제안해, G7 국가 사이에서 15%의 세율이 합의되었다. 바이든 행정부의 이런 증세 및 과세 조처는 트럼프 행정부 때의 감세 조처를 기껏해야 되돌리는 수준이지만, 공화당의 강력한 반대에 봉착하고 있다. 특히, 공화당은 글로벌 최저법인세에 대해 거부권 행사를 벼르고 있어, 국제적인 약속이 지켜질지 의문이다.

이렇게 장황하게 설명한 이유는 부자를 대상으로 하는 세원을 고려할 필요가 있다는 것이다. 즉, 자산세 징수방법을 바꿔 재원을 마련하는 것으로 자산세의 누진성을 강화하는 것이다. 최근 더불어민주당 대선후보 중 이재명과 추미애 후보가 그 예이며, 논의되고 있는 국토보유세가 대상이 될 수 있고, 자산에 대한 과세를 의미한다. 그런데 문제는 고령계층의 재원을 젊은 세대에 나눠준다는 것에 대해 찬성할 수 있을까? 고령화 계층에 예산이 많이 분배되는 것도 어찌 보면 투표로 직결되기 때문이기도 하다.

## 재분배에서 사전배분으로 전환

재정의 역할은 크게 자원배분(효율성), 소득분배(형평성), 그리고 경제 안정 및 성장(안정적 경제성장)으로 구분할 수 있다. 이 세 가지 역할은 정부가 어떻게 재원을 마련하고 어떻게 쓰는지에 관한 사안이다.

아동 관련 제도는 재분배와 사전배분으로 구분해 설명이 가능하다. 이제 아동 관련 제도를 사후적 관점의 '재분배'가 아닌 사전적 관점의 '사전배분'으로 인식할 필요가 있다. 사후적 관점에서 '재분배'라 칭한 것은 정부의 사회보장제도는 대개 어른이 되었을 때 격차를 줄일 목적으로 재정을 지출하는 것을 의미한다. 예를 들어, 저소득층에 해당되면 기초생활을 보장해 주기도 하고, 실직한 사람에게는 실업급여를 지급하고 직업훈련비용도 지원해 준다. 아울러 아기를 출산한 가정에 각종 수당을 지급하기도 한다. 이렇듯 어른이 되었을 때 생기는 격차를 시정하는 방향으로 정책을 펼친다는 것이다.

이와 반대로 '사전배분' 개념은 어른이 되어 격차가 생기기 전인 아동일 때부터 각종 사회보장서비스를 배분하자는 것이다. 미국의 사례를 예로 들어 사전배분의 다양한 이점을 설명해 보면 다음과 같다. 미국 빈곤가정을 대상으로 분석한 결과, 유아기 때 제대로 된 교육을 받은 경우 어른이 되었을 때 안정적인 삶을 영유하고 있었고, 일정 이상 수입을 보장받고 있었다. 그로 인해 더 많은 세금이 걷히고 있다는 것이 증명되었다. 미국은 1960년대부터 '페리유치원 프로그램'이라는 실험을 했다.

**〈페리유치원 프로그램〉**

사회학자들은 교육이 빈곤을 겪고 있는 아동들의 삶에 지속적이고 상당한 차이를 만들 수 있다고 주장해 왔다. 정책 결정자들과 연구가들은 가난한 환경에서 성장하는 아동들의 삶에 양질의 조기교육이 미치는 영향에 대해서 조사했고, 특히 수준 높은 교육과 보육 프로그램은 가난한 아동과 백인인 중산층 가정의 아동과의 학업 성취도 격차를 해소할 수도 있다고 주장했다. 이러한 분석 결과를 바탕으로, 빈곤한 아동의 삶의 질을 향상시키는 데 관심 있는 미국의 정책 결정자들과 실행자들은 빈곤이 일으키는 무수한 문제들을 해결하는 데 조기교육이 얼마나 효과적일지에 관해 지속적으로 연구를 수행하고 있다.

빈민촌에서 태어난 3, 4세 아프리카계 주민의 자녀를 대상(취학 전 교육프로그램을 받은 아동 58명과 받지 않은 65명)으로 40년간 추적 조사를 한 결과, 이 두 계층 간 확연한 차이가 발견되었다. 이 프로그램을 받은 아동은 19세 시점에서 고등학교 졸업률이 높았고, 27세 시점에서 주택 소유율이 높았음은 물론 체포율도 낮았다. 즉, 빈민가정에서 태어났더라도 취학 전 양질의 교육프로그램을 받은 경우, 학력이 높았고, 안정된 직장에 취업했음은 물론 범죄에 물들 확률이 낮았다는 것이다.

유사한 연구를 수행한 헥크만 교수는 빈곤가정에서 태어난 평균 생후 4개월 정도의 유아를 대상으로 교육을 받은 유아와 받지 않은 유아를 추적 조사한 결과, 역시 교육을 받은 유아들이 대학진학률이 높았고, 상대적으로 고임금 안정된 일자리를 확보하고 있었다. 한편, 유아기가 아닌 사춘기나 성인이 된 이후에 받은 재교육은 투자에 비해 효과가 거의 없었다는 흥미로운 결과를 발표했다.

이러한 맥락에서 어린이집을 무상화하고, 의무교육화로 바꿔나가야 한다. 우리나라는 공공 어린이집과 사립 어린이집(유치원)으로 대별된다. 그런데 비용은 차치하고서라도 공공 어린이집에 입학하려면 길게는 2~3년을 기다려야 한다. 그런데 왜 엄마들은 공공 어린이집을 선호하게 된 것일까? 아마도 공적 믿음에서 비롯된 것으로 판단이 된다. 아마도 초등학교 입학을 위해 수개월 내지 수년을 기다려야 한다는 이야기는 그 어디에서도 들어 본 적이 없을 것이다. 왜냐하면 의무교육이기 때문에 대기아동 개념이 없는 것이다. 장기적으로는 사립 어린이집의 공공화도 고려해야 한다.

일본은 저출산 문제와 대기 아동 문제를 해결하고, 모든 영유아의 보육의 평등성을 보장하기 위해 무상화를 도입했다.

이를 위해 '기본방침'(骨太方針)(2006), '새로운 정책 페키지'(2017), '유치원, 보육소, 인정어린이원 이외의 무상화 조치 범위 검토회' 보고서(2018), '기본방침'(骨太方針)(2018) '유아교육 무상화 제도의 구체화 방침'(2018), '어린이·양육지원법 일부 개정한 법률안'(2019) 등을 제정했다.

엄마들의 고민을 해결해 주어야 한다. 아이를 맘 놓고 맡길 곳이 있어야 노동생산성이 높아짐은 물론(일·가정 양립이 가능) 출산을 생각할 수 있다. 적어도 일하고 싶은 여성이 '어린 자녀를 맡아줄 곳을 찾아 헤매는 상황'에서는 해방되어야 한다. 국가가 유아들에게 제대로 투자하고 교육을 베풀 사회적 책임이 절실한 이유이다.

사전배분의 개념은 태어난 유아를 취학 전에 일정한 교육을 받도록 하는 것이다. 태어난 직후부터 '사전배분'을 적용하면 고소득과 저소득 계층의 구분 없이 유아의 입장에서는 조건이 일정해진다. 즉, 자산 및 소득 등 배경별로 다른 재분배보다도 조건이 더욱 일정하게 된다. 게다가 모든 교육이 무상으로 진행된다면, 아이가 기회균등하게 학습을 할 수 있어 빈곤의 연쇄순환도 단절할 수 있다. 결국은 기성세대가 만든 빈곤을 자녀에게 물려주지 않을 수 있는 정책이기 때문에 실익이 크다.

## 기업 갹출금으로 재원 마련

저출산 대응은 국가만이 해결할 수 있는 문제는 아니다. 즉, 노동과 관련된 기업의 참여도 절실하다. 기업의 갹출금 부담 등 재원 마련에 동참해야 한다. 프랑스의 경우, 자녀양육과 관련된 비용을 갹출해 모아둘 '전국가족수당금고'(CNAF)를 운영하고 있다. 금고는 국가와 기업을 포함한 복수의 출자자에게서 돈을 모아 가족 지원 시책에 활용한다. 다만, 내부에 이사회가 있어 용처의 투명성을 담보하고 있다. '전국가족수당금고'는 제1차 세계대전 시기에 시작된 보상금고이다(이하, NHK 스페셜 취재반 내용 참고). 당시에 이미 국가나 민간기업 차원에서 가족수당을 채택하고 있었던 것이다. 제1차 세계대전 막바지인 1918년에는 기업지출 부담을 균등화하기 위해 여러 회사가 '가족지원금고'를 만들자는 움직임이 일어났고, 이를 확대해 나갔는데, 1920년에 6개, 1925년에 160개로 늘어

[그림 4-1] 프랑스 가족수당금고

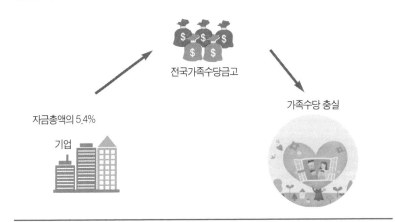

전국가족수당금고

가족수당 충실

자금총액의 5.4%

기업

자료: NHK 스페셜 취재반, 저출산 무엇이 문제인가?, [그림 10].

났다. 이때 각 금고가 후원했던 노동자의 수가 115만 명에 다다른다.

제2차 세계대전 후에는 노동부가 주도해 '금고'의 제도화를 추진했고, 1945년 10월에는 국가가 금고의 운영 및 관리를 일원화한다는 결정을 했다. 1949년 2월에는 법률에 근거해 '가족수당금고'의 독립성을 보장했고, 1967년 개혁에서는 전국 조직인 '전국가족수당금고'가 설치되었다.

금고의 재원을 어떻게 활용하는지에 관해 알아보자. 즉, 금고에 들어간 돈을 어떤 수당으로 지급할지, 어느 정도 어린이집을 만들지 등에 관해서는 매 4년마다 국가와 '금고'가 협정을 맺는다. '금고'는 '가족수당금고'와 '전국가족수당금고'가 있는데, 모두 의사결정기관으로 이사회가 있다. 구성 멤버는 사업주, 피보험자, 자영업자 등의 대표로 구성된다. '금고'에 의해 작성된 실적보고서는 '전국가족수당금고 감사회의'에 상정되고, 의회를 거쳐 정부에 보고된다. 이런 과정을 거치면서 재원과 운영·관리의 투명성을 강화하고 있다. 현재의 '금고'의 자금은 고용주, 국민(세금), 국가나 지방정부가 부담하고 있다. 가족수당 지급은 세입 중 45%는 기업이 부담하고, 12%는 개인(일반사회 갹출금)이 부담하는 구조이다.

한국의 아동수당은 전액 국가가 지급하는 구조이다. 기업은 참여하지 않고 있다. 처음 아동수당이 시작되었던 2018년에는 소득·재산 상위 10% 가구의 아동을 제외하고 지급되었다. 따라서 대상자 선정 과정에서 가구 간 형평성, 행정 효율성 등 여러 문제가 제기되었다. 다행히 2018년 11월, 문재인 대통령과 여야 5당 원내대표가 모든 아동을 대상으로 하는 '아동수당법 개정안'을 정기국회에서 처리하기로 합의했고, 이후 국회 법안심사를 통해 2019년 1월 「아동수당법」이 개정되었다. 개정된 「아동수당법」에 따라 2019년부터 부모의 소득·재산과 관계없이 6세 미만 모든 아동에게 매월 10만 원의 아동수당이 지급되었다. 9월부터는 그 대상 범위가 만 7세 미만까지 확대되었다. 2022년부터는 만 8세 미만으로 확대되고 30만 원으로 증액된다. 부모의 소득 및 재산과 관계없이 모든 아동에게 아동수당을 보편적으로 지급함에 따라, '국가는 모든 아동의 생존과 발달을 보장해야 한다'는 유엔아동권리협약의 취지에 부합되는 보편적 사회수당이라는 점은 환영할 일이다.

하지만 제도의 도입 취지와 의도한 정책목표를 달성하기 위해서는 더 많은 논의와 사회적 합의 과정이 필요하다. 아동수당이나 출산지원금과 같은 현금지원정책으로 저출산 문제를 해결할 수 있다는 단순한 논거에 천착하는 듯하다. 저출산 문제는 단순히 현금을 지원한다고 해서 해결될 문제는 아니다. 근본적으로 '아이들이 행복하게 성장할 수 있는 환경'을 만드는 것이 무엇보다 중요하다. 즉, 아동을 위한 다양한 합의가 필요하다는 인식과 노력이 있을 때 가능한 것이다. 아동수당은 사회적 합의 노력 중 하나이며, 가능하다면 아동이 행복한 환경을 만드는 데 도움이 될 수 있도록 아동수당을 설계할 필요가 있다.

아동수당제도는 아동별로 균등한 급여가 제공되더라도, 가구 내 아동 수가 증가함에 따라 총급여액이 증가되기 때문에 다자녀가구에 보다 많은 혜택이 주어진다. 일부 국가에서는 보다 강력한 출산장려 수단으로 후순위 출생 아동에게 추가적인 급여를 제공하고 있다. 프랑스의 경우, 1932년 임금정책의 일환으로 아동수당제도를 도입했으나 심각한 저출산 위기를 겪으면서 둘째 이후의 자녀가 출생할 때마다 아동수당이 증가하도록 제도를 개선하였다. 스웨덴의 경우에도, 아동수당(아동 1명당 일정액 지급)에 더해 다자녀가정에 추가적인 수당을 제공하고 있다. 즉, 두 자녀 이상 가구에는 대가족보조금(Large family supplement)을 추가로 지급하고 있는데, 아동 수 증가에 따라 보조금액도 점진적으로 증가되도록 제도를 설계했다. 아시아 국가에서 아동수당제도를 가장 먼저 도입한 일본의 경우에도, 2012년 이후 첫째와 둘째 자녀는 월 10,000엔, 이후 출산 자녀부터는 월 15,000엔을 지급하는 등 자녀 수에 따라 차등적인 급여를 지급하고 있다. 핀란드, 벨기에, 룩셈부르크, 오스트리아 등도 유사한 형태의 출산장려 수단의 아동수당제도에 도입하고 있다.

우리나라에서도 출산장려를 위해 3자녀 이상의 다자녀가구에 출산장려금 지원, 전기·가스요금 감면, 대학등록금 지원, 자동차 취·등록세 감면 등 다양한 혜택을 제공하고 있다. 이러한 다자녀가구에 대한 혜택이 지방자치단체 중심으로 이루어지고 있다. 문제는 지역별 편차가 크고, 지방자치단체의 재원의 부족으로 실제 제공되는 지원액이 크지 않으며, 지원사업별로 각각 신청해야 하는 번거로움이 있다. 따라서 심각한 저출산 문제에 대응하기 위한 정책 수단으로 아동수당제도를 활용하고자 한다면, 소규모의 지원사업들을 통합하여 다자녀수당과 같은 중앙정부 차원의 지원제도를 추가적으로 도입할 필요가 있다.

또 다른 하나는 아동 관련 유사제도를 세밀하게 들여다보아야 한다. 즉, 보편적 아동수당의 확대와 더불어 관련 유사제도의 정비가 필요하다. 특히 아동양육 비용의 일부를 조세환급을 통해 지원하는 '자녀장려금'(일은 하지만 총급여가 4,000만 원 이하인 가구에 자녀 1인당 연간 최대 50만 원을 지급)과 '자녀세액공제'는 아동수당과 그 목적이 유사해 일정 부분 제도 간 조정이 필요하다. 과거 정부는 만 6세 미만의 모든 아동에게 아동수당을 지급함에 따라, 만 6세 이하 자녀가 있는 가구에 대해서는 '자녀세액공제'를 폐지하여 유사 급여의 중복 수급을 방지했다. 반면, '자녀장려금'은 2019년부터 지급 금액을 자녀 1인당 50~70만 원으로 인상하고, 대상자를 생계급여 수급자까지 오히려 확대했다. 얼핏 보면 '자녀장려금'이 저소득 근로가구에게 혜택을 제공한다는 점에서 보편적 아동수당이 가질 수 있는 수직적 소득재분배 기능의 한계를 보완하기 위한 정부의 정책적 선택으로 보인다. 하지만 '자녀장려금'은 소득이 없거나 낮아 근로장려금을 신청하지 않은 가구의 경우 대상에서 제외될 수 있다. 장기적으로는 아동수당의 확대에 따라 통합 조정이 필요할 것으로 판단한다.

아동수당은 아동이 있는 가구에게 국가가 일정 금액을 지원하는 단순한 제도이다. 제도의 배경은 '요람에서 무덤까지'라는 영국의 복지국가 모형을 토대로 했고, 아동의 기본권 보장뿐 아니라 여러 정책적 목적을 달성하도록 여러 차례에 걸쳐 진화해 왔다. 2022년부터 만 8세 이하의 모든 아동에게 지급되는 아동수당은 보편적 사회수당으로 그 의미가 적지 않다. 하지만, 이제 복지국가로 가기 위한 긴 여정을 시작할 새로운 전기를 마련했을 뿐이며, 단순히 현금성 지원 규모를 늘렸다고 문제가 해결되지 않는다. 지금부터 우리 아이들을 위해 어떤 아동수당제도를 만들어 나갈 것인지에 대한 고민을 다시 시작해야 한다.

국가나 기업에서 가족수당을 지급하고 있다. 이미 설명한 바와 같이 가족수당을 사회화해 더욱 큰 규모의 '금고'를 도입할 필요가 있다. 프랑스와 같이 '금고'를 세워 기업들의 부담을 정리해 균등화하는 등 인식의 대전환이 전환이 필요하다.


## 단순 기본 계획이 아닌 실질(good enough)을 담보하는 계획으로

### (1) 비혼문화도 인정해 주어야(결혼-출산 분리)

이미 설명한 바와 같이 결혼과 출산은 분리해서 보아야 한다. 즉, 비혼문화를 인정해 주어야 한다는 것이다. 프랑스의 경우, 설령 부모가 이혼을 하거나 실직을 한다고 해도, 아이의 양육에는 아무런 영향을 미치지 않는다. 주위를 돌아보면 사실혼(이른바 동거) 관계에 있는 부부는 이미 결혼을 한 것임에 불구하고, 결혼 상태를 증명하는 법적 절차의 혼인

신고를 하지 않아 아이의 양육은 물론 교육에 제약을 받게 된다. 이제 고리타분한 '동방예의지국' 관념에 사로잡힐 것이 아니라, 사실혼 관계에서 출산하는 경우나 사유리(한국 거주 일본인, 정자은행의 정자를 활용해 임신)와 같이 본인의 결정에 의한 출산 등의 경우에도 사회 구성원 모두가 포용할 수 있어야 한다.

### (2) 이민정책(외국인 노동자 정책 개선 병행)

이민정책에 관한 새로운 인식 전환이 필요하다. 이미 설명한 바와 같이 그간 우리나라는 값싼 노동력 확보 차원에서 외국인 노동자를 활용하고 있다. 외국인 노동자 정책은 단순하게 판단할 사안은 아니었다. 외국인 노동자는 단순한 값싼 노동력만을 제공하지는 않는다. 정당한 절차를 거쳐 입국한 노동자라면 그나마 다행이다. 그런데 불법 체류자는 사회적 문제로 자리하게 되었다. 또한 외국인 노동자라 하더라도 건강 보험 등 다양한 정부의 재정지출에 영향을 미친다.

외국인 노동자가 제공하는 값싼 노동력은 시쳇말로 3D산업 CEO만 오롯이 수혜자가 될 뿐이다. 다시 말해, 값싼 노동력의 제공은 3D산업 CEO의 배만 불려 줄뿐인 것이다. 그 이면의 이야기를 좀 해보자. 값싼 노동력의 이면에는 정부재정에 다양한 영향을 미치고 있다. 즉, 외국인 노동자에게도 복지정책은 물론 최저임금정책을 적용해야 한다. 그러나 최근 몇 년간 정부는 과거와 달리 다소 이념적으로 최저임금을 급격하게 올렸다. 그 결과 최저임금정책의 순수혜자는 외국인 노동자의 몫으로 돌아가고 말았다.

적지 않은 산업현장(3D산업)에서 산업대표(CEO)가 값싼 노동력을 제공받을 목적으로 외국인 불법 체류를 종용하고 있다. 정부는 이러한 위법 사례를 시도조차 하지 못하도록 엄청난 금전적 제재(징벌적 배상)와 형사적 처벌을 해야 한다. 최근 COVID-19의 사각지대 또한 외국인 노동자(특히, 불법 체류 노동자)였다. 외국인 불법 체류 노동자가 적지 않은데, 계도 기간을 둔 뒤 정당한 절차를 거쳐 강제출국을 적극 시행해야 한다. 이미 설명한 이입정책 개념을 적용해 우선은 외국에 거주하지만 부모 중 한 명이 대한민국 국적을 소지한 경우 이민절차를 간소화해 보는 것도 대안 중 하나이다.

이와 더불어 우리나라 산업구조 전반의 체계적 개편이 필요하다. 우주여행이 가능한 시대에 과거 전통적 인식에 머물러 있어서는 안 된다. 일례로 아시아나항공(항공기를 소유)과 배달의 민족(오토바이를 소유)의 기업 가치를 비교해 보자. 당연히 배달의 민족의 기업가치가 훨씬 높다. 우리나라는 어찌 보면 글로벌 호구가 되어 가고 있는 것은 아닌지? 우리나라의 산업정책을 1차 산업부터 6차 산업(농업이라는 '1차 산업', 1차 산업을 통해 얻어진 특산물 등을 활용한 '2차 생산', 서비스 산업을 지칭하는 '3차 산업'

을 더해(1+2+3) 6차 산업이라 명명)까지 전부하고 있는데 이것이 바람직한 사회구조인지? 의문이 든다. 시대 상황에 맞춰 산업구조 전반의 개혁(개편)을 해 나가야 한다. 아울러 값싼 노동력 확보 수단 차원의 이민정책이 아니라 고부가가치를 창출하는 지식 노동자를 주된 대상으로 하는 이민정책으로의 전환이 필요하다.

5

육아 지원 사회로 거듭나야 한다.

# 재원 외 중요한 것을 고려해야 …

### (1) 국립대 무상교육

과거 시골에서 대학을 보내려면 집집마다 애지중지 키우던 소를 팔았다. 그때는 집집마다 소를 한두 마리는 키웠다. 소가 현금 유동성 차원에서 가장 중요한 재산 1호였던 것이다. 그러나 이제 대학 무상교육을 추진할 시기가 되었다. 아울러 대학서열을 폐지할 유인이 커졌다. 몇 년만 더 지나면 대학입학 정원보다 입학할 학령인구가 더 적어진다. 2011년 반값등록금을 시점으로 교육의 공공성 확대의 물꼬를 틔웠다. 이제 대학까지 무상교육을 추진해 나가야 한다. 다만 국립대에 한정해야 한다. 즉, 국립대학 위주로 재정을 지원하고 사립대학 재정 지원은 과감히 중단해야 한다. 무분별하게 대학 줄세우기를 위한 목적으로 활용되는 고등교육 재정 지원은 전면 재검토가 필요하다.

과거 박정희 정부 때 서울대를 분산시킬 목적으로 부산대 기계공학과, 경북대 전자공학과를 적극적으로 지원했다. 실제 성공하지는 못했지만 이를 추진할 유인이 크다. 프랑스의 경우와 같이, 이제 서울 1대학~10대학까지 학교명을 바꿔야 한다(서울대 폐지와 맞물림). 현재와 같이 거의 모든 대학에 설치된 비슷한 학과들이 아닌 1~10대학을 전문 분야 및 범주로 구분해 특성화 대학을 만들어 나가야 한다. 아울러 국립대는 지방거점 대학단위로 일원화해야 할 필요가 있다. 예컨대, 전라남도(전라북도)의 경우 국립대는 전남대(전북대), 순천대(군산대)가 있는데, 학령인구 감소 등 다양한 요인을 고려해 전남대(전북대)에 통합해 나가야 한다.

저출산의 원인은 부동산(특히, 주거)과 교육의 문제(특히, 사교육비)라고 할 수 있다. 부동산 문제는 차치하더라도 교육 문제는 검토가 필요하다. 농담 같지만 실제 이야기를 하나 해본다. 저자가 아이들로부터 전해 들은 이야기는 "학교 선생님이 너무 성의가 없이 수업을 한다"(누구보다 탐구해 열심히 가르치는 선생님이 있긴 하겠지만 …), "이 내용은 학원에서 배웠지"란 말을 한다고 한다. 기가 찰 노릇이다. 교원정책의 폐해가 사교육으로 이어지고 있다.

우리나라 교원정책은 1960년대 정비된 틀에서 그대로 멈춰 있다. 1970~1980년대는 고졸 선생님도 적지 않았다(박사가 아닌 석사학위 교수도 적지 않았다). 이제까지 외형적으로는 교원정책의 변화가 있는 듯하지만 큰 변화가 없다는 이야기다. 교원정책이 시대적 유효성을 다했음은 물론 이미 낡아 정책목표를 달성하지 못하고 있다. 이제 과감히 바꿔나가야 한다. 부분적으로는 기능 개편도 필요하겠지만 근본적인 패러다임을 변화시켜야 한다. 즉, 교원정책(임용, 양성, 승진, 평가, 자격 체계) 등을 시대정신에 맞게 개편해야 한다. 시급하게 실천에 옮겨야 할 과제를 제시하면, 과거 권위주의 패러다임의 산물로 아무짝에도 쓸모없는 '교감' 직제를 계속 유지해야 하는지?(반드시 폐지가 필요함) 학교 내 내부 승진으로 '교장'을 선택하는 것이 타당한지?(일부 개방형 '교장' 직위를 운영하기도 하는데 직선제가 실행가능한 합리적 대안일 수 있음) 사립 초·중·고등학교에 정부재정을 계속 지원하는 것이 맞는지?(과거는 학교 부족으로 사립학교를 지원했고, 현재는 공립과 사립의 차이가 없는 것이 문제임) 국립대학인 교원대와 교육대학, 국립 및 사립대학의 사범대학 체계를 계속 유지할 유인이 있는지? 등에 관한 체계적이고 포괄적인 논의를 통해 단계별로 개편이 필요하다.

무엇보다 중요하게 다루어야 할 의제는 학령인구 감소(출산율 감소) 등을 반영함과 동시에 미래세대를 위한 양질의 교육을 담당할 우수 교원을 확보해 나가야 한다. 기존의 교원정책 또는 패러다임으로는 불가능에 가깝다. 미국과 영국, 호주 등의 국가에서는 우수 교원을 확보하기 위해 '교사자격갱신제도'를 운영하고 있다. 이 제도는 일정 시기마다 교사 자격을 갱신해야 하고, 평가를 받아야 한다. 교사가 갱신에 응하지 않거나 평가를 받지 않으면 그에 상응하는 벌칙이 따른다. 2022년은 새로운 정부가 탄생한다. 지금까지 논의한 교육 기능 및 구조 개편, 교사자격갱신제 등의 개편(전환)을 추진해 나가야 미래세대가 행복해진다.

## (2) 정주 여건, 청년 취업

경제성장기 시절 아빠는 육아의 중요성을 인식하지 못해 엄마만의 고통이 되고 말았다. 이러한 현실을 목격한 젊은 세대들이 출산을 기피하고 있다. 한편, 정주 여건 보장 여부 역시 또다른 출산 기피의 원인이다. 최근 다양한 지방자치단체에서 인구 감소 극복을 위해 정주 여건을 개선하겠다는 정책을 추진하고 있다. 다만 인구 소멸 지역의 정주 여건 개선이 실익이 있을지는 의문이 든다. 그렇다고 해서 기초 지방자치단체의 정부 여건 개선이 아예 설득력이 없다는 것은 아니다. 정부가 대도시 및 광역 지방자치단체 규모에서 정주 여건 개선을 추진하는 것이 좀 더 합리적일 것으로 판단된다. 정주 여건에는 교육 여건 보장도 추가된다. 예컨대, 둘째 또는 셋째 아이가 소위 말해 강남 8학군(또는 대도시)의 학교에 다닐 수 있도록 지원해 주어야 한다(일정 규모 개인소득 한도 설정). 즉, 적어도 수학 기간 동안에는 정부가 제공하는 임대주택에 살 수 있는 권리를 부여하는 것이다.

또한, 무엇보다 중요한 것은 양질의 청년 일자리 제공이다. 그간 in 서울 이라는 신조어가 등장했다. 즉, 서울에 있는 대학에서 공부하는 것이다. 이렇게 된 근본적인 이유는 지방에 양질의 일자리가 없기 때문이다. 그래서 누구나 서울 서울을 외치며 서울로 몰려들 수밖에 없는 현실이다. 이제 지방대학을 졸업해도 양질의 일자리(취업)를 가질 수 있도록 해야 한다. 그래야만 지방의 경제도 살아난다. 인구 소멸의 시작은 일자리로부터 시작되었다. 1960~1970년대 산업화 붐이 일어났을 때 너도나도 시골을 떠나 도시의 일자리로 떠났다. 또한 30년 전만 해도 기초자치단체(예, 군 또는 면단위)에서 공부를 잘하는 학생은 광역자치단체(대구, 부산, 광주) 소재 고등학교로 진학했다. 고등학교를 졸업한 후 서울로 대학을 진학한 경우도 적지 않았다. 당시 SKY 정도만을 빼고 서울 소재 대학에 가야 하나, 인근 지방대학에 가야 하나 잠시 고민은 했지만 이내 인근 지방대학에 가는 경우가 적지 않았다. 그래서 공부를 잘하는 학생도 지방에 있는 경북대, 부산대를 진학했다. 유능한 인재가 지방에 머물렀다는 것이다. 그러나 10여 년 정도 전부터는(그 이전일 수도) 무조건 서울에 있는 대학으로 진학을 해야만 했다. 왜냐하면 좋은 일자리가 지방에 희소하기 때문이다. 이제 수도권에 밀집된 양질의 일자리를 지방(광역자치단체 정도)으로 분산해야 한다. 그래야 지방대학 출신의 젊은 세대가 취업을 할 수 있다. 예를 들면, 수도권 지역에 밀집된 메모리 반도체 업체는 유지하되, 새롭게 구축하는 비메모리 반도체 업체는 지방에 조성할 필요가 있다(유승민 의원의 공약).

# 고용 전반의 개혁을 펼쳐야 …

고용 전반의 개혁이 필요하다. 노동시장에서는 젊은 세대를 위한 배려가 필요하다. 젊은 세대가 기득권 세대에 비해 임금도 적지만 정규직 비율도 적다. 이러한 문제를 점차적으로 개선해 나가야 한다. 아울러 정부는 '아이를 낳으라'는 주문만 할 것이 아니라 미래 세대가 어떻게 경제활동을 할지에 대한 깊은 고민이 필요하다. 어찌 보면 정부는 무책임한 논리를 전개하고 있는지도 모른다. 저출산이 문제라며 떠들고 있지만 설령 저출산이 회복된다면 어떻게 일자리를 만들어 줄지에 관한 대안은 없는 듯하다. 무엇을 해야 하는지에 관한 고민이 있는가? 정책은 실현가능성이 가장 중요하다. 말도 안 되는 껍데기만의 정책을 펼쳐서는 문제를 해결할 수 없다. 즉, 저출산 문제가 쉽게 해결될 리 만무하다. 정부의 그림대로 청년세대들이 아이를 낳아 극적으로 저출산 문제가 해결된다고 하더라도, 그들을 어떻게 고용해 직업의 안정을 부여할 것인가? 그러한 청사진조차 없으면서 아이를 낳으라는 무책임한 언변을 늘어 놓을텐가? 4차 산업혁명 등의 영향으로 일자리는 갈수록 줄어들 수밖에 없는 구조이니(로봇이 일을 하고), 결국 기본소득(기본 서비스가 더 타당할지도 모르겠지만)을 고려해야 하는 것은 아닐까? 특히, 대학을 졸업하고, 취업을 할 때까지 청년수당 등 재정 지원을 기본 서비스 개념으로 지원해야 하는 것은 아닐까 싶다.



## 'O세 유아 보육'을 배워야 …


스웨덴에서 배울 것이 있다면 0세아 보육이다. 만 1세가 되기 전에
는 어린이집에 들어 갈 수 없다. 스웨덴 정부는 보육비 삭감과 자녀 양육
이라는 환경적 관점을 고려해 0세 보육을 진행하지 않는다. 이 정책은
보육이 아니라 교육정책의 일환으로, 0세 보육은 가정에 맡긴다는 것이
다. 얼핏 육아 경험이 있는 부모라면 좀 요란하다고 생각할 수 있겠지만,
부모의 육아휴직과 단시간 근무로 대응하는 체계이며, 적극적 육아휴직
정책을 시행하고 있다. 일상 육아휴직 사용률이 90%가 넘는다는 것이
특징이다. 스웨덴에서는 아기가 태어나면(입양 포함) 육아휴직으로 480
일이 지급되기 때문에 부모는 각각 240일씩 활용할 수 있다. 특히, 처음
180일은 부모 모두가 휴직을 활용할 수 있는 권리가 있고, 나머지 60일
은 아버지와 어머니 중에서 반드시 활용해야 한다. 따라서 육아휴직은
최소 60일이 법적으로 보장되는 것이다. 이 정책은 남성 육아휴직을 견
인하기 위한 것으로 1995년부터 도입되었으며 '엄마 아빠 할당제도'라
부른다. 육아휴직 중 부모수당도 적지 않다. 480일 중에서 390일까지는

종전 소득의 80%에 상응하는 수당을 지급한다. 만약 종전 소득이 낮다고 해도 최저 일급 225크로나가 보장되고, 남은 90일은 연 소득과 관계없이 일률적으로 일급 180크로나를 지급하고 있다. 이에 더해 2008년부터는 남성 육아휴직 촉진책으로 남녀 각각 60일을 초과하여 사용한 육아휴직일수에 따라서 세금을 환급해 주는 '균등보너스' 제도도 도입했다(NHK 스페셜 취재반).

우리나라의 경우는 어떠한가? 과거에 비해 육아휴직이 늘어난 것은 사실이다. 공공부문의 경우 여성은 거의 대부분 육아휴직을 활용하고 있지만, 남성 육아휴직은 아직 제한적으로 활용한다. 보직, 승진 등 눈치가 보이는 이유로 실상은 육아휴직을 활용하지 못하고 있다. 이러한 맥락에서 볼 때 스웨덴의 육아정책은 눈길을 끌만하다. 남성도 여성도 육아에서 대등한 책임을 져야 한다는 의식으로 근무방식을 바꿔 사회적 인식을 변화시켜 나가고 있는 것이다. 보육은 제도화도 중요하지만, 어떻게 실천하느냐가 더욱 중요하다. 보육은 정부정책만으로 달성되지는 않는다. 민간부문이 동일한 문제의식을 갖고 같이 추진해야 시너지를 낼 수 있다. 스웨덴의 보육을 위한 현금수당 대신 '엄마 아빠 할당제도'를 벤치마킹했어야 했다. 이는 아마도 난제들이 산재했기 때문이라 판단된다. 지금이라도 남성 육아휴직을 제도화하는 것이 어떨까 싶다.

# 저출산 대책이 아니라 가족정책으로 거듭나야 …

저출산 대책이 아닌 가족정책으로 거듭나야 문제가 해결될 수 있게 된다. 대책이라 함은 문제를 해결하기 위한 부가적 수단으로 인식하고 있는 것이다. 정책은 문제를 인식해 변화시켜 나가는 것도 중요하지만 애초에 정책목표를 명확하게 인식해 추진하는 것도 중요하다. 가족정책은 후자에 해당한다.

가족정책의 주무부처는 여성가족부가 되어야 할 텐데, 그러할 생각도 의지도 없다. 폐지가 수순이다. 다만 기능 대체도 고려해 볼 수 있다. 핵심은 '저출산 대책'이 아닌 '가족정책'으로 거듭나야 하며, 이를 위해 여성가족부를 폐지 또는 기능 대체를 통해 '아동가족부'를 신설하는 것이다.

2021년 현재, 약 4명의 생산인구가 노인 1명을 부양하는 수준이다. 올해 태어난 아이들이 대학을 졸업하는 2045년쯤에는 이 양상이 어떻게 전개될까? 약 2명의 생산연령인구가 노인 1명을 부양하는 수준이 된다고 예측한다. 그 후 30년이 지난 2065년에는 1명의 생산연령인구가 노인 1명을 부양해야 한다. 미래로 갈수록 젊은 세대들이 부양해야 할 고령인구의 비율이 증가함은 실질적으로 자신들을 위해 쓸 수 있는 돈이 줄어듦을 의미한다. 그렇다면 자연스레 소비 위축으로 이어진다. 그럼 다시

경기가 좋지 않게 되고, 기업의 투자가 줄어들고, 결국 일자리도 줄어든다는 예단이 가능하다. 돈이 부족하면 아이를 낳기도 부담스러우니 다시 저출산이라는 악순환이 발생하게 된다. 그래서 가족정책으로 거듭나야 한다.

## 저출산과 고령화를 동시에 해결?

우리는 언론매체에서 저출산을 우려하는 다양한 목소리를 자주 접하게 된다. 인구 소멸, 인구 절벽 등의 단어이다. 그럼에도 불구하고 정부는 이렇다 할 대안을 내놓지 못하고 있다. 저출산과 고령화 문제의 대응은 불가분의 관계다. 가장 합리적인 대안은 두 문제를 동시에 치유하는 것이다. 하지만 그렇게 쉬운 문제가 아니다. 정부는 저출산 문제도 등한시할 수도 없고, 고령화 문제 또한 등한시 할 수는 없다. 고령화 대응 정책도 필요하겠지만 우선 저출산 대응이 시급하다. 따라서 제한된 재원을 활용한다는 전제로 고령화 대응 지출을 줄여 나가야 한다. 그간 정치권에서는 표심잡기용으로 고령화 관련 지출을 매번 늘려 왔다. 이제 미래세대를 위한 재정지출을 우선해야 한다.

언론매체를 통해 대부분 OECD 국가에서 연금수급 연령을 67~68세로 상향 조정했으니 우리나라의 경우에도 국민연금 수급연령을 조정해야 한다는 정도의 기사를 접한 적이 있을 것이다. 이 기사는 표심에 의존하는 정치인들이 주장하지 못해서 그렇지 실상은 '정년연장'이라는 단어가 연상된다. 정년연장을 시행하게 되면 공무원과 민간부문 종사자의 인건비가 증가되기 때문에 노동시장(특히, 기업)이 경직되고, 결국 그로 인한 피해는 젊은 세대로 전가될 수밖에 없다.

언젠가는 연금수급연령을 조정하기는 해야 하지만, 실제 저출산과 고령화 대응에 초점을 맞춰 나갈 필요가 있다. 우선은 '생산연령인구'를 늘려 나가야 한다. 우리가 잘 알다시피 합계출산율은 지속적으로 하락하고 있다. 특단의 조치가 없는 한 불과 몇 년 후면 합계출산율이 0.7대로 하락할 수밖에 없는 구조이다. 현재와 같은 저출산 대책은 희망이 없다. 새로운 관점에서 가족정책을 추진해야 합계출산율이 조금이나마 상승할 수 있을 것이다. 적어도 추가적인 감소만은 면할 수 있다. 그래야 미래세대의 희망이 보인다. 생산연령인구를 늘리기 위해서는 이민자를 받아들이는 방법도 있다. 그렇다고 해서 아무나 이민을 받아준다면 그렇지 않아도 부족한 청년들의 일자리는 어찌 될 것인가? 따라서 유능한 (부가가치가 높은 지식 노동자) 인재 위주의 이민을 받아들일 필요가 있다. 지식노동자 위주의 이민은 기업성장에 모멘텀이 될 수 있음은 물론, 성장한 기업은 좋은 일자리를 만들 수 있게 된다. 이미 설명한 바와 같이,

과학기술 분야 인재를 대상으로 하는 이민을 적극 고려할 필요가 있다. 이민의 대안으로 우리나라로의 유학을 통한 이민과 취업을 통한 이민을 유도하면 된다.

한편, 증세와 생산성 확대를 통한 세수확보도 고려해야 한다. 먼저 증세에 관해 이야기를 시작하면, 그간 우리는 상대적으로 더 가진 자(부자)들을 대상으로 과세를 늘려 왔고, 이러한 과세에 좀 더 관대했던 것이 사실이다. 가진 자가 세금을 더 많이 내는 것은 원론적으로는 맞다. 하지만 이는 다소 한계가 있다. 우리나라의 경우, 국민의 절반 정도가 한 푼의 세금도 납부하지 않고 있다. 아울러 간이과세제도 등을 활용해 세금 납부를 하지 않고 있다. 그러다 보니 상대적으로 세수확보가 쉬운 계층에 과세를 하게 된 것이다. 국민이면 누구나 세금을 납부하게 하는 국민개세제도의 도입도 고려할 필요가 있다. 복지수요에 대응하기 위한 적정선의 증세는 불가피하겠지만, 앞서 쓸데없는 재정지출을 줄여 나감을 우선시 해야 한다(이를 '지출효율화'라 명명).

한편, 생산성 확대도 고려할 유인이 크다. 생산성 확대 수단으로는 개인의 소득 또는 기업의 이익이 증가한다면, 현재와 동일한 세율을 적용해도 더 많은 세수를 확보할 수 있다. 정부도 생산성 확대를 할 수 있겠지만 생산성 확대의 주축은 기업이다. 기업이 생산활동을 위해 노동력(일자리)을 창출하는 것이다. 저출산과 고령화 추세는 내수시장을 더 어렵게 만든다. 따라서 내수보다는 해외에 생산활동을 해야 한다. 그러려면 우리나라의 기업들이 구글과 같은 세계적인 기업으로 거듭나야 한다.

# 마무리
## '가족정책: 육아 지원 전환 사회'로 방향키를 전환해야 …

지금까지 우리나라가 초유의 저출산 늪에 빠진 구체적 경위를 되짚어 보았다. 동시에 합계출산율 회복(적어도 추가적 감소를 막기 위한)을 위한 대안 차원의 처방도 제시했다. 방향성은 육아 지원 사회, 즉 가족정책으로 변화하는 것이 급선무라 할 수 있다. 우리나라가 지속가능하려면 가족정책 외에는 대안이 없다. 지금까지 우리의 경제성장을 떠받쳐 온 것은 가장들의 헌신(외벌이)과 전업주부들의 홑 육아 형태가 주를 이루었다. 그로 인해 육아는 국가의 몫(책임)이 아닌 부모(특히, 엄마)의 몫이라는 사회풍토가 형성되고 말았다. 과거와는 달리 근무 환경이 많이 바뀌면서 외벌이에서 맞벌이 형태가 된 지금도 이러한 사회풍토는 별반 다르지 않다. 여전히 일과 가사와 육아는 엄마의 몫이 되고 있다. 게다가 어린이집 부족 등의 이유로 일을 계속하는 것을 포기하는 경우가 적지 않다. 그간 국가는 무엇을 했는지 체계적 고민을 해보아야 한다. 평균 30조의 재원을 지출하면서도 무엇 하나 제대로 된 정책이 없다. 이대로라면 저출산 추세가 점점 가속화될 것은 자명하다.

저출산을 회복하지 못하면 노동인구(납세인구)가 줄어들기 때문에 세수가 급격하게 줄어들어 궁극적으로 경제성장에 부정적 영향을 미치게 된다. 반면, 정부의 충분한 육아 지원으로 여성의 경제활동이 늘어나고, 노동생산성도 높아진다면 세수가 확보되고 경제성장률이 높아진다. 한마디로 선순환구조를 만들 수 있고, 확보된 세수를 기반으로 더욱 견고하고, 지속가능한 사회를 만들어 나갈 수 있다. 우리나라는 국가 존립을 위태롭게 하는 심각한 저출산의 늪에 빠져 있다. 저출산의 늪에 빠져 제동을 걸어야 하는 운명에 처한 현실을 정확하게 인지하고 구체적인 정책대안을 제시한 2022 대선 후보는 찾아볼 수 없다. 저출산의 심각성을 인지하지 못하고 있기 때문으로 여겨진다.

이 책에서 소개한 프랑스와 일본(나기쵸 마을)은 저출산을 방치하지 않고 결단해, 구체적인 정책을 펼친 결과 저출산의 늪에서 빠져 나왔다. 대안은 사회적 합의를 토대로 한 재원 마련이었다. 우리나라도 사회적 합의를 전제로 재원조달에 관한 공감대를 형성할 필요가 있다. 우선 육아 지원 사회가 경제성장의 원동력이라는 점을 잊어서는 안 된다. 아울러 육아 지원을 사회적 투자로 인식해야 한다. 정부는 우선 제한된 재원으로 가족정책을 추진할 수밖에 없기 때문에 지출효율화를 병행해 나가야 한다. 가족정책에는 기존의 전통적인 교육에 보육도 추가하는 것이다. 지방교육재정교부금 예산 중 이월 및 불용액을 보육예산으로 활용할 수 있겠다(최근 이월 및 불용액만큼 교부금을 삭감한다는 계획). 이미 설명한 바와 같이, 제한된 재원으로 가족정책을 추진한다면, 고령세대를 위한 지출에서 젊은 세대를 위한 지출로, 부자 대상 과세재원을 젊은 세대를 위한 지출재원으로, 재분배 개념에서 사전배분 개념으로 전환할 필요가 있고, 새롭게 재원을 마련한다면 국가와 기업이 공동으로 재원 마련(예, 부모기금, 기업 갹출금 등) 등을 정책대안으로 추진할 필요가 있다.

아울러 사회적 합의가 필요한 분야로, 부모의 경제력 차이(정규직과 비정규직, 소득 차이 등)나 결혼(미혼과 기혼)과 출산을 구분할 유인이 있는지도 검토해 보아야 한다(즉, 비혼문화 인정). 이민정책도 체계적 검토가 필요한 부분이다. 무엇보다 임신부터 대학까지 모든 비용을 사회적 투자로 인식해 국가가 책임지는 것이 중요하다. 특히 지방 거점 국립대학교를 육성해 정주 여건과 고용을 동시에 해결해 나가야 한다. 소득보상제도와 엄마 아빠 할당제도(육아휴직 의무화)를 기반으로 하는 프랑스의 '0세 보육'을 우선적으로 검토할 필요가 있겠다. 지금까지 언급한 대안들을 급격하게 도입할 것이 아니라('빨리 빨리 문화'), 우리나라에 적용한다면 어떤 형태 또는 방식으로 적용하는 것이 좋을지 진지하게 검토하는 것이 무엇보다 중요하다. 기존의 관습에 머물 것이 아니라 새로운 대안 차원에서 가족정책을 펼쳐나가야 한다. 미래세대가 희망이다.

이제 저출산과 저출생의 의미도 다시 생각해 보아야 한다. 저출산인가? 저출생인가? 사전적 정의에 따르면, 여성이 아이를 적게 낳는 것을 저출산(低出産), 아이가 적게 태어나는 것을 저출생(低出生)이라 칭하고 있다. 어찌 보면 저출산은 출산의 책임을 여성에게만 돌리고 있다는 생각을 들게 한다. 아이를 적게 낳는 것이 아니라 사회구조적 요인에 의해 아이가 적게 태어나는 것이기에 '저출생'이 타당한 듯하다. 한편, 현재 추진 중인 '저출산·고령사회 기본 계획'을 저출산(저출생)과 고령사회로 구분할 필요가 있겠다. 저출산과 고령사회는 양태가 서로 다르기 때문에 구분해 정책을 추진해야만 해안이 떠오른다. 미래세대를 위해 지난하고 먼 여행을 기꺼이 떠나야 할 때인 것은 자명하다.

저출산의 근본 원인을 꼬집어 말하면, 기성세대가 젊은 세대를 배려하고 있는가? 이기심의 발로는 아닐까? 보수가 집권하든지, 진보가 집권하든지에 관계없이 기꺼이 젊은 세대를 위한 재정정책을 펼쳐 나갈 때 비로소 문제해결의 단초가 될 여지가 있지 않을까 싶다.